京华往事

一个历史地理的视角

（二）

北京大学国子监大讲堂
北京大学首都发展研究院　组编

北京大学出版社
PEKING UNIVERSITY PRESS

图书在版编目（CIP）数据

京华往事.二，一个历史地理的视角/北京大学首都发展研究院组编.—北京：北京大学出版社，2022.3
（北京大学国子监大讲堂）
ISBN 978-7-301-32840-8

Ⅰ.①京… Ⅱ.①北… Ⅲ.①城市史—研究—北京 Ⅳ.①K291

中国版本图书馆 CIP 数据核字(2022)第 011782 号

书　　　名	京华往事(二)：一个历史地理的视角
	JINGHUA WANGSHI(ER): YIGE LISHI DILI DE SHIJIAO
著作责任者	北京大学首都发展研究院　组编
责 任 编 辑	王树通
标 准 书 号	ISBN 978-7-301-32840-8
出 版 发 行	北京大学出版社
地　　　址	北京市海淀区成府路 205 号　100871
网　　　址	http://www.pup.cn
电子信箱	wangsiyu@pup.cn
电　　　话	邮购部 010-62752015　发行部 010-62750672
	编辑部 010-62767347
印 　刷 　者	涿州市星河印刷有限公司
经 　销 　者	新华书店
	730 毫米×980 毫米　16 开本　15.75 印张　205 千字
	2022 年 3 月第 1 版　2022 年 3 月第 1 次印刷
定　　　价	60.00 元

未经许可，不得以任何方式复制或抄袭本书之部分或全部内容。
版权所有，侵权必究
举报电话：010-62752024　电子信箱：fd@pup.pku.edu.cn
图书如有印装质量问题，请与出版部联系，电话：010-62756370

编委会

主　　编　李国平

编　　委　韩茂莉　韩　朴　王贵祥
　　　　　陈喜波　彭积冬　陈光中
　　　　　陈雪霁　李平原　程　宏

执行编辑　李平原　程　宏

序

韩茂莉 /

每一座城市都有属于自己的历史,八百多年的古都北京更是留下数不清的名胜与过往人生,无论金碧辉煌的皇家宫室,还是灰砖灰瓦的低门矮户,属于他们的主人,无论高贵与卑微都消失在历史的长河之中。21 世纪的我们,感叹、追忆这座古都的辉煌,也将我们的视角从当代伸向历史,为此完成了《京华往事》第二辑的编撰。

说起北京城的历史,侯仁之先生当属用科学理念研究北京历史地理的第一人,《侯仁之:城与守城人》一文记述的正是侯仁之先生研究北京城的那段往事。一位学者置身于一项研究,对于学术界而言并非稀罕之举,但侯先生与北京城结缘,却经历了不寻常的时代,从抗战烽火,到 20 世纪 50 年代老北京城存废之争、"破四旧"对北京古建筑的巨大冲击、改革开放以来老北京城的改造,不同的历史时期,面临的挑战与付出的勇气几乎是不一样的,但若不坚持,古老的北京也许不复存在,"守城人"是侯先生以及那一代学者梁思成、林徽因等一生的追求。

侯先生将"守城"视作毕生之举,不仅对北京城展开了全面的研究,而且引领后继者踏上"守城"之路。

八百多年的古都北京城,如同一位阅历丰厚的长者,不仅见证了王朝更迭、江山易主,那些大起大落的历史风云,也在寻常日月中度过了每一个春夏秋冬。八百多年的北京城，那许多赫赫精英与芸芸众生共同营造了一座古都的历史，他们的足迹也许印在古道、古渡上，也许留在宅院的门阶上，当一切成为往事，留下的或书写在文献中、或成为文物古迹。正是这些，成为我们研究、回顾北京城历史的依据。这些年有志于北京市的研究者关注于这座古都的过往从来、一砖一石，力图在探讨中重现古都风貌，并将古都的每一个精彩瞬间定格在字里行间、传递给社会。

从历史到现今，北京城都是一座宏大的城市，无论城市自身还是生活在城市中的人们有各种需求，物质的、精神的，围绕着这一切，形成社会生活的各个层面，而北京城拥有的首都功能，如同一台巨大的发动机辐射全国，且将举国精华聚拢于北京，并赋予北京独特的文化特征。汇集在《京华往事》第二辑的研究涉及北京城历史的各个方面，侯仁之先生的研究告诉我们，北京城从聚落、北方军事重镇发展为都城，其中决定性的因素与交通枢纽地位相关，而一座城市的存在涉及多元因素，陆路交通、水路交通以及对于水资源的利用，城市自身也是多元文化的集聚体，无论是构成城市的基本建筑单元还是营造人们精神寄托的寺庙，都在城市文化中占有重要的一席。若将城市看作由建筑构成的实体，那么城市是寂静的，但每一座城市以及城市中的每一座宅院都是有主人的，寻常的市民生活与城市经历的时代震荡，也许喧嚣嘈杂，也许轰轰烈烈，无论小事、大事，在历史的视角下都可以纳入共同的话题中，而最终完成对于北京城的总体认识。

文化是民族生存和发展的重要力量。习近平总书记强调："没有文化的繁荣兴盛，就没有中华民族伟大复兴"。北京城的历史与北京文化就在传统文化之列，研究北京史的方法与视角并非唯一的，十余年来北京大学首都发展研究院与东城区教育委员会合作，面向北京市民举办"北京大学国子监大教堂"，将北京历史与历史

序

地理列为重要的选题,秉承宣扬优秀传统文化的原则向市民传递有关研究成果,并通过讲座唤起全体市民热爱北京、保护北京的热情。《京华往事》第二辑的出版,见证了我们与北京市民共同拥有的日子。我们期待这样的活动会不断持续下去,并为北京城的历史与未来做出贡献。

2022年1月于北京大学

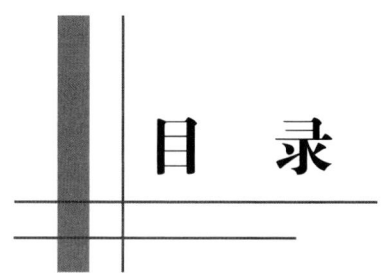

远去的古都——北京四合院与四合院文化　韩茂莉　/ 001
　　四合院的历史、类型以及北京四合院　/ 002
　　北京四合院文化　/ 012

煌煌大城——古都北京的前世与今生　韩　朴　/ 025
　　北京城的由来　/ 026
　　明清帝京景观　/ 039
　　近代以来的北京巨变　/ 047

隋唐时代的城市、寺院与建筑　王贵祥　/ 053
　　隋唐时代的城市　/ 054
　　隋唐时代的宫殿建筑　/ 055
　　唐代佛寺与寺塔建筑　/ 056
　　建筑艺术风格的变化　/ 070

通州历史·漕运·运河文化　陈喜波　/ 073
　　通州城市发展的影响因素　/ 075

通州建制沿革与通州发展阶段　/ 077

漕运对通州城市建设的影响　/ 087

近代通州发展　/ 091

通州的运河文化及风格　/ 093

通州地方文化　/ 097

通州与外界的关系　/ 098

东北交通与明清之战　韩茂莉　/ 101

北京通往东北的三条交通要道　/ 102

东北交通与明清之战　/ 105

北大红楼的人和事　彭积冬　/ 113

博大坚贞，化腐为奇的蔡元培　/ 115

五四运动的总司令陈独秀　/ 120

偷取天火救中华的李大钊　/ 122

文化先锋——胡适　/ 125

"四洋"奇人辜鸿铭　/ 128

挺身立党，变节投敌的张国焘　/ 132

青年共产主义者的卓越代表邓中夏　/ 133

图书馆助理员及共和国缔造者毛泽东　/ 135

重大历史事件　/ 137

"水乡"北京　韩朴　/ 145

东城北部　/ 148

西城北部　/ 150

东城南部　/ 151

西城南部　/ 153

目录

　　历代护城河　/ 154
　　结语　/ 155

北京的名人故居　陈光中　/ 157
　　光绪皇帝　/ 159
　　袁世凯　/ 163
　　孙中山　/ 167
　　蔡元培　/ 169
　　朱启钤　/ 173
　　梁思成与林徽因　/ 175
　　龚自珍　/ 177
　　沈家本　/ 178
　　杨椒山　/ 179
　　朱彝尊　/ 180
　　邵飘萍　/ 181
　　林白水　/ 182
　　康有为　/ 184
　　谭嗣同　/ 185
　　鲁迅　/ 185
　　北京名人故居的现状　/ 187

古城、古都——北京城的历史　韩茂莉　/ 189
　　北京的地理环境与史前时期人类活动　/ 191
　　北京早期的城址及其变化　/ 195
　　北方的军事重镇　/ 200
　　辽南京与金中都　/ 203
　　元大都的建设与城市布局　/ 206
　　明清北京城的改造　/ 209

侯仁之：城与守城人　陈雪霁　／213
　　命运夹在书里　／214
　　捂热冷学科　／219
　　血肉相连　／223
　　"好极了"　／227
　　擦了又写，擦不去的　／230
　　大地与天路　／234

远去的古都——北京四合院与四合院文化

韩茂莉[*]

---

[*] 韩茂莉,北京大学城市与环境学院教授、博士生导师,北京大学博雅特聘教授。主要研究领域为中国历史农业地理、环境变迁、历史社会地理。

见到大家非常高兴！本讲的题目叫作"远去的古都"，主要内容是介绍北京的四合院和四合院文化。四合院既是北京城的重要组成部分，也是这座城市的重要灵魂。随着新的北京城市建设，很多四合院都已经成为历史，我们现在追溯这段历史，看一看四合院以及与它相关的文化。

四合院的历史、类型以及北京四合院

建筑学家早已经给四合院的定义做了解读，他们认为如果一个建筑四周是封闭的，且内部的建筑以中轴线呈对称分布，这种形式都可以称为四合院，也就是说四周封闭、中间呈对称的形式都具有四合院的特点。从这样的定义可以发现，四合院本身并不仅仅是属于北京的建筑，而且也不仅仅限于我们现在看到的北京，它的历史是很久远的。我们可以由此追溯四合院的历史、类型以及北京四合院的特点。

（一）四合院的历史

中国地域广大，由于地理环境和自然属性的差异，黄河流域和长江流域的建筑是有很大差别的。在公元前 3000 年甚至更早的时候，黄河流域的建筑有一半在地下，另一半在地上，形成了一种地下和地上结合的半穴居式的建筑，被考古学家称为半穴居型，这种建筑类型广泛分布在黄河上、中、下游。与黄河中下游相比，长江中下游有着截然不同的地理条件，也就是又湿又热。几千年前的先民当时已经适应了这种环境,他们的建筑被称为干栏式建筑。从考古学家复原的结构图来看,房子是利用木结构架空的,也就是说房子并没有直接建在地面上,人是生活在架空的阁楼之上的。这是为什么呢?先民当时发现了在湿热的环境下长时间接触地面会造成很多疾病,于是就采用了这种建筑方式。这种干栏式建筑在今天的长江流域并不多见,但我们都知道云南的西双版纳仍然有傣家的竹楼,其特点是把人居住的地方架空,使地面和房屋保持一定距离,这种竹楼就是现代版的干栏式建筑。

随着历史的发展,人们对于环境的征服能力越来越强,南北方这两种完全不同的居住形式向一个共同的方向趋近。北方人逐渐从半穴居的形态转向地面,而南方人也逐渐从干栏式建筑转向地面。当北方摆脱了半穴居、南方干栏式建筑逐渐减少,在地面所建构的民居就开始出现了。

这种变化与四合院有什么联系呢?在史前时期,还不存在四合院。进入到历史时期之后,比如夏商周时期,这种四周封闭、以中轴线为对称轴的四合院型建筑开始出现了。下面举一个例子(图1),左图是考古学家在陕西关中宝鸡附近发现的一处西周时期的大型宫殿遗址,右图是建筑考古学家根据宫殿遗址所绘制出的复原图。在这幅复原图上可以看到两部分内容,左侧是考古学家所看到的建筑地基,右侧是木结构的建筑,这些建筑在几千年间已经被

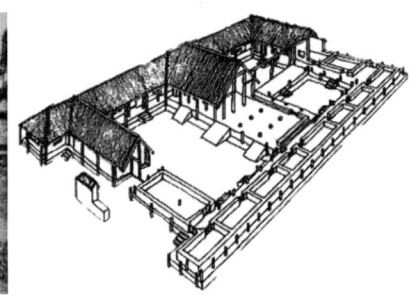

图1　西周时期宫殿遗址及复原图

毁掉了。虽然它和我们今天所看到的北京四合院并不相同，但是在建筑学上它具有一些四合院的特征。从这幅图中，我们可以发现它最大的一个特点就是所有的建筑是沿着中轴线对称分布的，这恰恰也是四合院的特征之一。类似的建筑遗址还有很多。

除了考古遗址之外，还有一些其他的证据，比如说墓葬中的壁画以及发掘出来的器物都证明了四合院这种建筑在中国有一种久远的历史。图2是东汉时期的画像砖，砖的图案显示了汉代当时的民居形式，虽然仅仅是其中的一个角落，但是我们能够看出来这个院落具有一种四周封闭的特点。

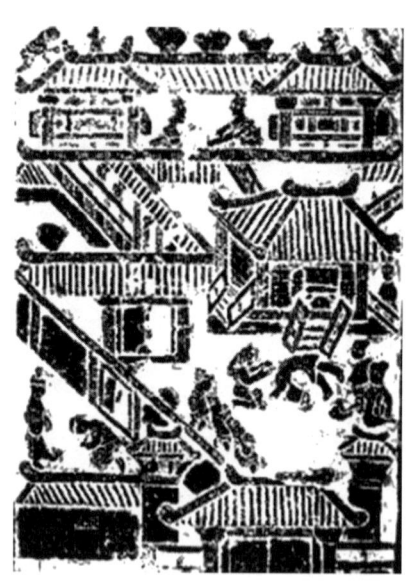

图2　东汉画像砖中的汉代民居

除了东汉时期的画像砖之外，一些从汉代墓葬中出土的明器也展示了当年的民居特征。图3所示的明器是一个小型陶器制作的模型，从中可以看出这种坞壁型的建筑，作为当年一种重要的民居形式，已经有点接近后代，包括明清到民国以来类似于封闭型碉堡的院落。从实质上讲，它已经具备了四周封闭、沿中轴线对称的两大特征。

远去的古都——北京四合院与四合院文化

图3　汉代明器所示的民居

我们也发现了更多相关的文物，从中可以看出东汉以后一直有类似于四合院的建筑。图4展示的是西安的唐代墓穴中出土的唐三彩制作的庭院模型，在这个器物中我们惊奇地发现，它和现代的四合院是极其相近的，我们可以看到大门、影壁，沿着中轴线的是整个院落中最重要的房子，也就是现在所说的正房。除了正房之外还有东西厢房，沿着中轴线还有下面一个院落，整个结构和现在的四合院是非常相像的。

图5是根据北京一座元代遗址复原出的四合院图，这个遗址位于北京的后英房胡同。从复原图上可

图4　唐三彩庭院模型

以看出，当时的四合院形状与明清以来乃至于今天的四合院有一个明显的区别。元代四合院前面和后面两座正房之间有一个彼此相连的建筑，在平面上可以发现它是现代汉字的"工"字，这种"工"字形建筑是元代建筑的典型特征，但我们还是可以发现整个院落保持一种四周封闭、中轴线对称的形式，因此这也是一种四合院。

图 5 元代四合院示意

从上面这些文物可以发现,原来四合院不是今天的北京才有的,考古学家以一种充足的证据告诉我们,四合院这种建筑从几千前的西周时期一直传承到今天。作为中国古代建筑之中最重要的一个类型,它不仅仅用在民居之上,也广泛应用于官衙和宫殿。比如,故宫实际上就是由大大小小的四合院组成的一个庞大的宫殿群。再如,保定有一处直隶总督府是清代时期的衙门,这个直隶总督府就是四合院类型的。除了保定直隶总督府外,山西省霍州、河南省濮阳等地都留下了历史时期的官衙,这些衙门的构成也是四合院类型。除了这些衙门之外,许多佛寺、道观也具有这样的特征,比如雍和宫、白云观,这些寺庙、道观从整个建筑结构来讲也属于四合院。所以说四合院是中国古代建筑的一个基本类型。

(二)四合院的类型

今天的主题是北京四合院,但是国内并不仅仅是北京,全国各地都有四合院类型的建筑。中国幅员辽阔,各地不但有着千差万别的环境特征,也有着形式各异的民俗风情,受这些因素影响,四合院的庭院布局也形成了南北方的不同风格。

图 6 显示的是山西的四合院。如今山西大院文化在全国非常有名，从张艺谋的电影《大红灯笼高高挂》开始，乔家大院就开始出名了。但是其实在山西，乔家大院不是最大的大院，像王家大院、常家大院，从规模上要比乔家大院大得多。从这幅图中可以发现山西四合院所具有的一个显著特点，那就是它的正房多数是二层。作为对比，北京的四合院，正房基本上是一层。

图 6　山西四合院

云南白族的传统民居也是四合院，是建筑学家称之为"印"形的建筑，四四方方。它也具备四周封闭、中间对称的特征，被称为"三坊一照壁"，不过从外表看它和中原的四合院有很大不同。

东北的四合院也有自己的特征。由于东北地区在历史上的经济开发是很晚的，到清朝开始，内地人才大规模地以"闯关东"的形式到达东北，人口相对来说不算稠密，因此东北的四合院非常宽敞，各类农具车马都可以放在院子里。另外由于东北非常寒冷，取暖就变得非常重要，所以在四合院的房屋后面往往有个大烟囱。

长江流域的四合院具有的特征，被建筑学家称为"四水归堂"。这种建筑从上游四川一带一直到下游江浙一带均有分布。那么什么叫四水归堂呢？四周是由封闭建筑构成的一个院落，而东南西北四个方向建筑的屋檐是相互连接在一起的,它的院子非常小。南方人把这个小院子称为天井,看到图7也可以想象到站在院子里看上面的天空,就像是一口井一样非常小,因此叫作天井。南方四合院中的天井,与当地的自然环境有关。由于南方非常炎热,院子小就有大量阴凉的地方,在夏天不至于过于炎热,同时所有的屋檐互相连接在一起,当雨水大的时候顺着屋檐的斜坡流到院落里,然后再沿着院落的下水道流出去,这叫"肥水不流外人田",这是南方四合院所具有的一个重要特点。

图 7　长江流域民居天井素描

黄土高原上也有四合院。陕北、山西一带,黄土埋藏深厚,所以人们就地取材,利用黄土挖掘窑洞。提到窑洞,大家往往想起那种沿着黄土断崖修建的一排一排的窑洞,但是其实黄土高原上还有另一种窑洞,它不是沿着黄土的断崖修造,而是向下挖,挖出一个四方的院落,在每一个方向上都有个窑洞,从这样的组合形式来看，它很像我们所说的四合院，也就是说它也具备四周封闭、沿中轴线对称的特征。

于是我们发现，原来在我国，并非只有北京有四合院，南北方许多地区都有，不但汉民族有，少数民族也会采取四合院的建筑形式。四合院是中国人根深蒂固的一个建筑理念，它和西方是完全不同的。中国人有一种含蓄、喜欢保护自己隐私的想法，四合院就将自己的生活及家庭都包围在一个封闭的空间之内。西方国家的院落是没有遮挡物的，随便一个过路人就可以看到院子里是什么样子。

既然全国各地都有四合院，那么北京的四合院和全国各地其他地方的四合院有什么不同呢？一个非常直观的不同就是北京四合院的大门不在中轴线上。图8是一幅典型的北京四合院简图，从图中可以发现，四合院的大门并不在院落中轴线正前方，而是修在一个角落里。这种特点不仅仅是今天北京四合院的特点，也不仅仅是明清以来才出现，而是在一千多年前的北宋就已逐渐形成。而且，并不是北京最先将大门修建在角落。北宋时河北正定县（这座城在北京南面）出现了一种风水思想，被称为后天八卦，按照这种思想，宫殿、官衙，乃至于佛寺和道观是可以把大门放在中轴线上的，但是一般的民居是不可以的，它们只能把大门安放在乾位所在的西北方或者巽位所在的东南方。一千多年来，后天八卦的这种思想影响到了中国北方许多省，以河北为中心，向西传播到山西后又影响到陕西，还影响到河南、山东，从地理上讲，淮河以北、燕山以南的这些区域，大概和我们平时说的华北范围接近，都是后天八卦思想的主要影响地区。大家去山西参观各种大院也会发现，山西大院的大门和北京四合院大门位置是一致的，它们有共同的历史传承。这是华北地区四合院独有的特点，东北和南方的四合院就不具备这种特征，在这些地方，整个院落的中轴线是从大门和正房穿越而过。

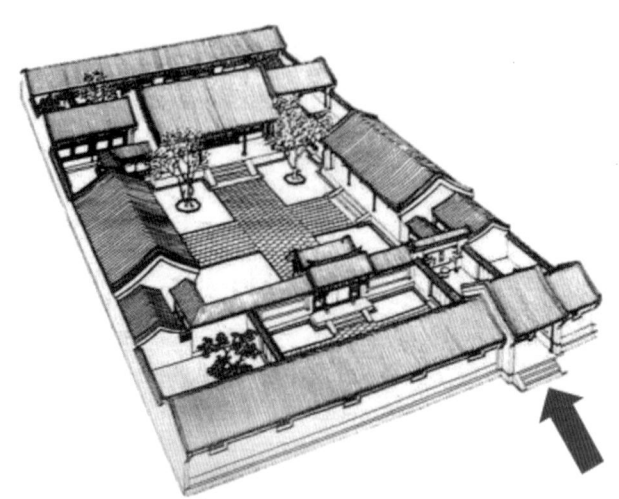

图 8　北京四合院大门位置示意

　　大门处于院落的一角，是华北地区四合院的共同特征，那么华北地区内部又有怎样的差异呢？它们院落的大小是不一样的。北京的四合院院落一般是正方形，也就是说长宽比接近 1∶1；山西和陕西的就不一样了，山西四合院的院子是长方形的，长宽比接近 2∶1；陕西四合院的院子就更长了，关中地区长宽比达到了 3∶1。

　　上面讲述了在后天八卦思想所影响的区域，四合院的大门处于角落的共同特征，以及北京四合院独有的正方形院落的特点。北京现存的完整的四合院已经很少了，从一些老照片里我们依稀能看出四合院曾经的样子。几十年前老北京的人口并没有现在这么多，四合院的院落就是一个家庭或者街坊邻居的休闲空间。随着近三十年的发展，人口在增加，新建的四合院已经非常少了，所以现在的年轻人已经很难再看到这样的院落了。

（三）北京四合院的空间组合

　　说空间组合之前必须要了解历史上的北京。元朝攻破金中都之后，新建元大都，从元大都的平面图可以看到，皇城、宫城之外的区域，都被大街分成了各个单元。这些大街呈正东西南北分布，其实今天北京的街道仍然具有这种特点。这种非常规则的大街之间，又排列着许多小的空间单元，即为胡同。两条大街之间有多少胡同呢？由于两条大街之间的距离是固定的，因此大街之间的胡同数目也是固定的，一般10条，所以北京的地名中就会有六条、头条、东四、东四十条这样的名称，这些"条"与胡同的顺序是有关的。由于大街是固定的，胡同的数目也是固定的，尽管从元到明清，皇帝发生了变化，但是北京城大街小巷的基本布局没有变。胡同的两侧分布着四合院，因此四合院的空间组合也一直具备着一定的规律。

由于大街小巷非常规整，因此无论是在大街两侧，还是胡同两侧的四合院，院落的大小都是有规定的，这种大院子和小院子组合起来就是我们说的空间组合。

既然两条胡同之间的宽度是一定的，且自元代设计好以后就基本不再变化，那么这两条胡同之间的距离，正好可以修建两个二进四合院，如果一侧修建了三进四合院，那另一侧就只能修建一进四合院。当然，也可以在其中修建一个四进四合院，这一座四进四合院就已经把两条胡同之间的宽度占满了，于是就不能再修建别的院落。

一进四合院指的就是四周的房间构成一个封闭的建筑空间，两进四合院会有两个封闭的空间，其中第一个院子是一个狭窄的长条，进入正房所在的院子，才是一个正方形的院落。三进四合院的第一进和第三进都是狭长的院落，只有中间的院子是方形的。四进四合院的第一进和第四进是狭窄的，中间有两个宽敞的四方形院落。

当然，北京城是天子脚下，也就是说皇帝生活在这里，贵族也生活在这里，他们的居住空间当然与普通老百姓是不一样的。他们的四合院远远超过三进、四进，在北京还有一些带花园的五进四合院，甚至一些王爷府有七进、九进的四合院，这些四合院已经远远超出了一个胡同的宽度，所以必须有特殊的空间才能够使这些王爷府得以安置。

那么什么样的特殊空间才能兴建王府呢？大家知道明代定都北京是"天子守国门"，始终面临着北方蒙古人的压力，于是北京城内当时就有一些军队操练的操场，或者存放武器的仓库，它们占据了很大空间。因为蒙古人往往从北京西边打过来，所以这些与军队有关的操场、仓库就主要分布在西城一带。但是到清代以后，清朝皇帝和蒙古兄弟的关系是很好的，与蒙古打仗的事儿不存在了，所以这些京城里的操场、武器库也就没用了。规模宏大的王爷府自然就建立在这些空间，因此才有一句话，叫"东城富，西城贵"。"西城贵"指的就是王爷府都在西城，原因就是这些王府基本都是在明代留下的军队操场和武器库建成的。那么"东城富"又是因为什么呢？因为运河穿过崇文门到北京后，沿着紫禁城的东侧过来，将南方运来的货从东城运下来，于是东城有一些仓库，比如大家听过的南门仓等，商人多住在东城。

北京四合院文化

北京四合院是非常有名的建筑，是北京古都的标志，它不仅具备居住的功能，而且是北京历史文化的一个载体。

图 9 是一座北京四合院的模型图，标准的四合院由正房、厢房、倒座房、后罩房等建筑组成。进大门以后首先看到的一排房间为倒座房，因为这一排是坐南朝北的房子，朝向与正房相反，因此被称为倒座房。进入二门以后，迎面就是地位最高的正房，无论是台基还是间架，正房都是有最高的形制。由于日照的原因，无论路南还是路北的四合院，都要保证正房朝向正南。正房两侧是比较低矮的耳房。与正房朝向垂直的房屋是东西厢房，分别坐落于院落的东西两侧。在第三进院落后，还有一排后罩房，它的间架一般是比较小的。

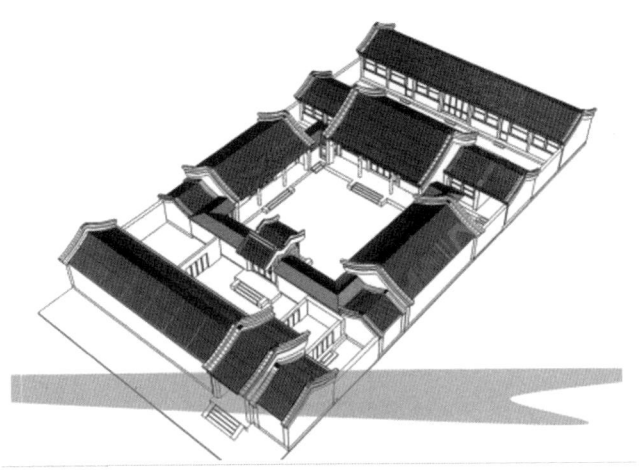

图9　三进四合院示意

（一）从大门开始

以前说两家要结亲，要看两家人是不是门当户对。一般认为这个词儿是指两家的社会地位、财产背景是不是相似，但是是不是从一家住宅的大门上就可以显示出两户人家是不是社会地位接近呢？这不是所有人都能意识到的问题。

事实上，古人留下来的这句"门当户对"，确实是体现在大门上。下面是一段顺治年间《清会典事例》的节选，规定了社会不同阶层的人家大门要修成什么样子：

> 亲王府基高十尺，正门广五间，启门三，均红青油饰，每门金钉六十有三。郡王府、世子府基高八尺。正门金钉减亲王七分之二。贝勒府基高六尺，正门三间，启门一，门柱红青油饰。贝子府基高二尺，启门一。公侯以下官民房屋，台阶高一尺，柱用素油，门用黑饰。

先从皇家贵族讲起，这些贵族有哪些呢？清朝皇帝设置了十二个等级的爵位，其中地位最高的四种是亲王、郡王、贝勒、贝子等。亲王可以说是皇帝之下最为尊贵的人了，可以用"一人之下，万人之上"来形容。亲王家的台基有规定，大门应该是"广五间，启门三"，门钉数目为63个。什么叫"广五间，启门三"呢？什刹海边上有一座醇亲王府，它的大门是北京的亲王府里保存得最好的一个。这座王府现在是国家宗教局所在地，它曾经的主人是醇亲王奕譞。醇亲王是光绪皇帝的生父，咸丰皇帝的弟弟，也是慈禧太后的妹夫，是一位地地道道的亲王。从这座王府的大门照片中能够发现：建筑学上每两根柱子之间叫作一开间，有六根柱子将整个大门分隔成了五开间；在这五开间的结构中，中间的三间是安放大门的，所以有三个门，边上的两个空间是两堵墙，不能走。这些就是亲王府大门所具备的特征。

下一个级别是郡王和世子，郡王是级别在亲王之下的皇帝的兄弟，世子是亲王的继承者，与郡王是平级的。这个级别的王府，理论上大门也是可以五间三启的，但是与亲王府有一个大的区别就是门钉的数量要减少，亲王府门钉的数量是63个，郡王府和世子府的门钉减少七分之二，也就是45个。

到贝勒这个级别，大门就变小了，叫作"正门三间启门一"，或者三间一启。到公候以下的官民的房子，除了台阶又降了之外，大门只能用一间，而且柱子全都是用黑漆涂装的。这些都是大清律例的规定，这种规定带来了文化上所讲的大门的讲究。

按大清律例郡王是可以五间三启的，有的郡王却将自己的大门有意地变成了三间一启，这是为什么呢？一方面是为了表示谦虚，另外还有个原因，清朝的规定除了铁帽子王爷之外，如果父亲死了以后儿子就要降爵，比如郡王死了之后儿子就要变成贝勒，孙子就要变成贝子。无论是大门还是宅院的规格都要降低，这时候就要搬家了，不能再住原来的房子，如果还住原来的房子就叫僭越。

涛贝勒府在什刹海附近，如今是北京十三中所在的位置。涛贝勒府原有的大门也是三间一启，这是朝廷为贝勒规定的，如今变成了中学，两侧的墙封闭了，但仍然能看出来它原来的规模。

以上是贵族在大门上所具有的规定，但是北京城不仅有贵族，普通老百姓才是北京城的主体。那么普通人家以及官员所居住的空间，大门又是一种什么样的形式呢？在北京，普通四合院的大门可以分为屋宇式和墙垣式两种，屋宇式的级别更高一些。

屋宇式大门根据门柱位置的不同又分为广亮门、金柱门、蛮子门、如意门，其中广亮门又是等级最高的。它具备什么样的特征呢？从侧面的结构图（图10）可以看出，这种大门有三根柱子，而广亮门的大门是安放在中间这根柱子上的。由于安在中间的柱子上，于是向大街的一侧和向院子一侧都有门洞。北京人就把这种里外门洞都相等的大门叫广亮门。

图 10　广亮门示意

广亮门是贵族之外、普通人家宅院大门中等级最高的，住在这样一个大门里院落的大多数都是官员或者有钱的商人。上面的结构图里有一对上马石，在古代凡是能在京城里骑马的，一般都不是普通的老百姓，而广亮门的主人有资格接待骑马客人，那他们也一定都是社会上的达官显贵。

级别在广亮门之下的，就是金柱门，一般居住在金柱门四合院的也是社会地位比较高的人家。金柱门是将整个大门的柱子向胡同的方向推了，柱子并不在侧视图的中间，而更接近胡同那一侧。从胡同看的话，就会发现它们面向胡同这一侧的门洞是比较小的（图11）。

图11　金柱门示意

第三种类型的大门叫蛮子门，这种大门的特点是将整个大门推向了大街，也就是说大门安在最外面的一根柱子上。整个门的门洞全部都在门里面，面向大街的这一侧是没有门洞的。听说南方人喜欢造这样的大门，所以北京人就将这样的大门称为蛮子门。

以上这三种大门都被称为屋宇型大门，居住在这里的人都属于社会中上级，或者是官员，或者是商人，大门的样式就彰显了其屋主社会等级和地位。

除了上面所说的三种大门之外，还有一种叫作如意门，在北京胡同中到处都可以见到。如意门的大门位置和蛮子门是相同的，但是它的门没有占据两个柱子间所有的空间，而只是利用了中间比较窄的一部分。对于如意门形成的原因很多人都进行了探讨，大家认为主人选择如意门，原因大概有两种：第一种是主人原来的家庭背景挺好的，突然家道中落，从有钱人变成了没钱的，或者说原来官当得不错,后来不行了,在这样的背景下他把大门改小了;第二种情况就是中国人具有的含蓄的性格,不愿意暴露自己的真实情况,以这种含蓄的手法营建了这样一种门。

除了刚才所讲的各种社会中上层之外,北京城里更多的是普通的老百姓,这些百姓所居住的大门和院落被称为随墙小门,随墙小门是没有门洞的,也就是说不是屋宇形的大门,只是随着院墙搭一个小的门楼。主人也会根据自己的意愿给门楼做一番不同类型的装饰,所以随墙小门门楼的样子也是各种各样的。它最大的特点就是完全没有门洞,墙和门相连接。这是北京普通百姓所居住院落最多的一种大门形式。老舍的《四世同堂》,描写的祁家一家人所居住的院落大门就是一个随墙小门,和主人公作为一户普通百姓的身份彼此之间是吻合的。

除了上述这些院落大门之外,北京还有一种门被称为为西洋门。这个大门的门楼和传统中国民居的门楼并不完全一致,它们具有西洋建筑的某些要素。西洋门里四合院的主人具有什么样的身份?有两种情况很典型,从1840年鸦片战争爆发以后,西方的学术和科技进入中国,有一批掌握和偏好西方文化的人,即洋务派,他们中有些人的院子就有这样的大门。除此之外,还有一些在洋行工作的、给洋人办事的,或者从海外留学归来的,都可能有这种偏好。

北京还有一些很有特点的四合院门楼,一眼看上去就会发现它有一些西方文化的要素,但是又能从大门看出来是地道的四合院的大门。这有点像近代有的人留着长辫子,带着瓜皮帽,但是又穿着西服。这种中西合璧的特点在人的服饰上有所表示,在建筑上当然也有。

《大清会典》中提到,王公以下的官员和百姓的大门就不允许五彩的油漆,只能用黑色的油漆涂装。其实这种规定大概不是从清朝开始的，唐诗中就有一句话，"朱门酒肉臭，路有冻死骨"，能够将自己大门漆成红色的那是贵族，连普通的官员都是不可以的，他们也必须漆成黑色的大门。如今北京街道上都是红彤彤的大门，这些大门都是1911年宣统退位之后涂装的，没了皇帝，皇帝定的制度也就不算数了。那么北京有没有四合院留下了当年的样子呢？凡是在黑油漆的大门之上有一个木制的红色的对联的门，应该就是清代留下来的。为什么这样说？老百姓也不希望自己的大门是纯黑的，于是在大门上漆一副红色的对联，关键在于这副对联不是红纸做的，而是用红色油漆涂装的木刻对联。这种对联一定是清代留下来的，因此可以说是地道的文物了。本来四合院就变得非常稀少，而这种黑漆大门就更为罕见了，它代表了那个时期的历史遗迹和文化特征。

有一部电视剧《铁齿铜牙纪晓岚》，剧中纪晓岚居住的院子，有一个三间一启的大门，这就说明导演不懂四合院的规矩。纪晓岚虽然是一位高官，但是他不是爱新觉罗的子孙，根据清代的规定，他只能用一间一启的大门，没有资格用三开间的大门，如果他真的这么做了，那先被杀头的也就是他了。

纪晓岚的故居在宣武门，尽管院子保留下来了，但是原先的大门被毁了。不过我们还是能找到例子。什刹海附近白米斜街11号，是张之洞的故居，张之洞是近代一位非常有名的官员，曾经领导过洋务运动、就任过湖广总督，是地道的封疆大吏，他的官绝不比纪晓岚小。他的故居，也只是一个地道的一开间的广亮门。这是朝廷的规定，任何人都不能逾越，所以纪晓岚的府邸也一定是这样的大门。

(二) 大门以里，二门之外

走进大门，就到了大门以里、二门之外的空间，这个空间有什么特点？首先就要提到影壁。影壁反映了中国人的一个特点：中国人含蓄而且保守，无论是官衙还是民居，都不希望自己的隐私外露，所以影壁具有的最起码的功能就是阻挡自己的隐私。

影壁有各种各样的类型，其中一种叫靠山影壁。有些人家的财力有限，没有钱去修一座单独的影壁，就会利用东厢房的山墙，在东厢房的山墙上做一些装饰，成为一道影壁，就叫靠山影壁。有些人家做这样一些装饰的财力都不够了，干脆在东厢房的山墙上画一块白灰，也代表着影壁。如果财力允许，就会修建单独的影壁，这种单独的影壁叫独立影壁，独立影壁和东厢房之间是分离的，也能起到阻挡隐私的效果。

除此之外，还有一种影壁不是在大门里面，而是在大门两侧，这叫反八字影壁。大家可能会奇怪，大门里边的影壁是为了阻挡隐私，那这种外面的反八字影壁有什么用处呢？上面讲到，朝廷规定了官员也好，有钱人家也好，大门都只能修成一开间的，但是有一些人希望自己大门外面更宽敞，显得大门更大，于是左右两侧就修了反八字的影壁使得整个大门在视觉上变得更大一些。

还有一种影壁是在胡同对面正对大门的位置，北京国子监胡同附近就有一道这样的影壁。这种影壁的用途又是什么呢？北京城内从来都没有形成西方那样的富人区、穷人区，也许王爷府对面就是一片普通老百姓的民居，可以想象这些王公贵族从自己院子里出来，看到面前这些高高低低、新旧不一的普通老百姓的房子，会觉得有碍观瞻，但是他又没有义务去帮忙修缮这些房子，于是干脆修这么一道影壁把它们给挡住。

邓友梅在他的小说里面说过这样一段话，20世纪30年代北京人接待外地人，按照北京人的规则就会先说"您请"。这时候外地朋友就有点糊涂了，因为从大门进来以后，两侧都有一个小门，外地人不知道该往哪个门进。这也是北京四合院的特点，一定要向左拐,才是主要的院落。如果向右拐进入右边的门洞,有一个小院子和一个小的倒座房。按照以往的规矩,这个地方有它的特殊用途,如果一户人家足够大,要请私塾先生,可能会将私塾先生和孩子们安放在这个地方,远离内宅,这样方便先生管教孩子。

　　顺着左边这个门洞进入院子,这是二门以外的空间,这里也有一排倒座房,由于倒座房的光线不好,利用起来也不方便,有的时候是少爷的书宅,也有时候是作为接待客人的地方。

　　二门以外还有一组建筑,其用处往往是固定的。按照中国古代风水学的说法,叫作"左青龙,右白虎",而这组建筑就处于白虎位,白虎是主凶的,但是白虎又很害怕脏东西,所以传统四合院里这个位置往往安置厕所。那么左青龙是什么呢?下水道,也就是说整个院落的排水系统应该在这里,这既符合整个风水学说的布局,对于整个院落来讲也有方便的功能。

　　下面看二门。二门是在整个四合院中很有特色的建筑单元,这个特色不仅在它本身的功能,而在于它的装饰,清朝规定了贵族以下的官员和百姓,其大门只能允许用黑色的油漆,但是没有规定二门,爱美的北京人就将二门装饰得五彩缤纷,绿色的油漆柱,红色的门,也有红色的油漆柱,绿色的门,五彩斑斓。二门除了在装饰上有这样的特点之外,还有一个作用,在整个四合院中是内宅和外宅的一条分界线,二门以外的地方是外宅,也就是说生的客人可以从这里进入,家里的佣人也可以在这个地方出入,而内宅是主人生活的空间。尤其在以往的社会中,有一种话叫"大门不出,二门不迈",家中的女眷往往是很少出入这个二门的。

　　除了有这样的功能和五彩斑斓的装饰之外,二门的造型也是各种各样的,一般有两个屋脊,建筑学上叫作一殿一卷式,这是北京四合院中最多的二门造型,除了起到隔绝内宅、外宅的作用,又起到第二层影壁的作用,什么样的影壁呢?二门正对面就是倒座房,如果有外来的生客到倒座房这里做客聊天，他想坐在客厅里面通过二门去看一看内宅里主人的生活，中国人是没给他这个机会的，他什么也看不到，原因就在于二门建筑从这里可以打开进去，但是里面这个门是关着的。主人从哪里出入呢？从左右出入，所以二门相当于第二道影壁墙和屏风，什么时候二门才打开？只有两种情况：一种情况是家里来了贵客，另一种情况是家中有红白喜事。《红楼梦》中就有这样的描述，贾母去世之后，贾府上下涂白，大门、二门统统打开。

（三）内宅

进入二门之后就是四合院的内宅，由于日照的影响，四面的房子以坐北朝南为最好，所以四合院无论把大门开到哪个方向，都是以北房为正房，东西房为厢房。正房和厢房之间有抄手游廊连接。对于内宅来讲，可以说也是"内外有别，上下尊卑"，正房不但形体高大，而且非常宽敞，所以在整个院落中地位最尊贵，一般是老人居住的，左右厢房则是晚辈居住。

东厢房一般还有自己独特的功能。五十年前，东厢房大多数情况下会被用作厨房，原因是什么呢？因为东厢房面临西晒的问题，到了夏天会很热，而到了冬天的话，东厢房的门又直面寒冷的西北风及其带来的风沙。因此东厢房并不适合作为经常居住的地方，作为厨房就是一个比较好的利用方式。厨房里一般有灶王爷的神位，灶王爷又叫东厨司命，灶王爷的位置就是在作为厨房的东厢房。

四合院的建筑装饰中也蕴含着许多文化，我们从木隔断和窗户讲起。在传统的四合院中，三开间的房屋之间不是用砖石结构隔断的，而是用木结构隔断。于是这种木隔断就有很多讲究了。图12中的木隔断是一个月亮门，月亮门上的图形叫作冰裂纹，也就是像结冰的冰面上形成的裂纹,它包括一种什么样的文化含义呢?如果这家主人是一个做官的,表明主人冰清玉洁,是一个清官而非贪官。

图 12　月亮门木隔断与冰裂纹

　　窗户的木隔断上的图案有一种叫作步步锦,美术上将它称为二芳连续,指的就是做官的人拥有锦绣前程的意思。也有的窗的纹饰叫作灯笼纹,像是一个纸糊的灯笼,文化含义又是什么呢?灯笼心里是亮的,这也说明主人向往光明,心态非常阳光。

　　四合院里还有各种砖雕,砖雕上的图案也不是随意画的,有各种各样的寓意。比如万事如意、太狮少狮、福从天降、多子多福。万事如意里主要是由万字符等图案构成,太狮少狮的内容是两个大狮子和一只小狮子,这个一般是官员家里用的。太师和少师大概像是今天的全国人大委员会委员长,是正一品的官员,不过太师、少师没有太大实权,但是作为品级来讲已经位极人臣了,既然当官就有这种向往。福从天降的图案是蝙蝠,蝙蝠本身并不好看,但是这个读音与福气的福一样,让中国人觉得很舒服,所以蝙蝠和云彩结合在一起就是福从天降。多子多福的图案是葫芦,葫芦有很多籽,又是一个绕来绕去的藤本植物,具有子孙万代的意思。

北京四合院中，从大门到居住空间的选择，以及一点一滴的装饰都代表着一个独特的古城留下来的一份文化。四合院不仅仅是一种民居、一种建筑，也是一个文化的载体。从元大都开始一直到今天，可以说四合院记载了以往前辈走过的历史，留下很多的记忆。

煌煌大城——古都北京的前世与今生

韩 朴*

---

* 韩朴,北京市文史研究馆馆员,北京史研究会会员,首都图书馆研究馆员。主要研究领域为北京城市的历史演变、北京民俗与传统文化等。

今天,我来和大家聊一聊北京城的前世与今生:北京城是如何产生的,又是如何一步一步成为全世界首屈一指的国际大都市的,明清以来北京城最基本的景观与特点,以及近代以来北京城的变化及其原因。

相关的历史信息,主要来源于前人为我们留下的历史文献与档案、近现代考古学家的发掘报告,以及当代历史学家的研究成果。除此之外,我们眼前的这座城市本身,就是一件包含无限历史信息的巨大文物。古城里的城垣宫殿、市街坊巷、园林建筑等不可移动文物共同构成的北京城市肌理,更像是一座穿越古今的博物馆或档案馆。尽管城市的变化日新月异,但有关它的历史沿革、地理变迁,以及那些著名建筑、园林、民风民俗、掌故传说的来源、遗存和标识,都能在这座博物馆里一一寻觅得到。

北京城的由来

(一)蓟城的起源

1996年,在北京王府井新东方广场的工地上发现了原始人用火的遗迹。说起来,这些原始人也要算是"北京人"了。可这些人生活在两万五千年以前,离北京城的出现还早得很呢。学术界公认的说法告诉我们,北京城的出现距今已有三千多年的历史。那么,这种说法的依据是什么呢?

关于北京城建城之始,古人留下的文献中有两条记载。第一条出自《礼记·乐记》:"武王克殷反商,未及下车而封黄帝之后于蓟。"周武王推翻商朝建立周朝,采用分封制度,将亲族、功臣等人分封到全国各地。而将轩辕黄帝的后人分封到了蓟这个地方。这里提到的蓟并非今天的天津蓟县,这个蓟城就在今日的广安门附近。具体一些,就是西城区的南部以及丰台区的一部分。

第二条记载出自《史记·燕召公世家》:"周武王之灭纣,封召公于北燕。"讲的还是周武王在灭商之后,将召公这个人分封到北燕。召公是何许人呢?召公姓姬,名奭,也是周文王的儿子,武王姬发的弟弟。他跟着武王一起征战,功勋卓著,武王就把北燕这块地方封给他了。召公的封地不止北燕一处,他最早的分封地在"召"这个地方,"召"就在今天陕西岐山的西南。古人往往用他们的采邑作名字,所以一般叫他召公或者召公奭。

传世文献只有以上两条极为简略的记载。那么除了这两句话之外,还有别的证据吗?这就要依赖于考古发掘了。20世纪70年代初期,北京有一项重大的考古发现,在今天的房山区琉璃河镇发现了一处商周时期的古城遗址,考古部门在那里展开了大规模发掘,出土了很多文物。其中有几件重要的青铜器,铸有"匽侯"铭文。考古学家认为,早在周武王伐纣之前,这座古城就已经存在于此了,当时属于一个叫作"匽"的古老部族。西周初年,此地成了燕国的封地,古城就成了燕国的都城。

周武王灭纣发生在哪一年呢?20世纪90年代,国家启动了一项多学科联合交叉攻关的重大科研项目——夏商周断代工程。通过天文学等相关学科的方法,精确测定年限,认为周武王伐纣成功建立周朝是在公元前1046年,正好是3000多年前。青铜器铭文上的记载与现代的推算结果也是大体相符的。青铜器铭文里最初的"燕"字,写作。这个字与"燕"同音不同义。如何解释这种现象?有些史学家在考据之后提出一种假说,认为这块土地在武王分封之前,并不是一块无人居住的荒地,而是已经有部落居住在这里。召公作为一个外来者被分封到这里,虽然有强大的军事后盾,能够立足于此,但仍然需要处理好与原住民的关系,作为一种政治手段，仍然采用了这个部落的名称，之后逐步改为了与之同音的"燕"。

刚刚提到，周武王还将黄帝的后代分封到了蓟。蓟这个地名又是怎样产生的呢？北魏时期著名地理学家郦道元在他的《水经注》中记录道："今城内西北隅有蓟丘"，也就是说，郦道元注意到当时蓟城的西北角有一个叫作"蓟"的小山丘。那么什么是"蓟"呢？北京大学侯仁之教授指出，"蓟"是一种可以入药的草本植物，而蓟丘就是一座长满了蓟草的小山丘。郦道元讲："因丘以名邑也"。他认为这座城市的名字是因为蓟丘而来的，所以叫蓟城。这种解释也得到了考古发掘的印证。从20世纪50年代到70年代，北京的考古工作者在广安门一带进行了多次考古发掘，证实了这里就是当年蓟城的遗址，在这片区域的西北，大概在白云观的西边也找到了蓟丘。

为什么可以断定这片区域就是3000年前的蓟城呢？主要的依据有两个：一是瓦当，二是井圈。考古工作者在广安门外的护城河一带发现了不少春秋战国时期宫殿上的瓦当，它们并不是民用的，说明这片区域在当时建有宫殿。另外，我们还在今天的西城区和丰台区发现了不少陶制井圈。古代打井，需要用井圈来分隔并固定井筒四周的土，至于井圈的材料，有砖石、有树枝，在战国时期一般是陶土。这片区域发掘出的陶制井圈，分布密度很高，这说明战国时期，这里的人口密度相当高，应当是一座不小的城市。

刚刚讲到的周武王的两次分封，一是"未及下车而封黄帝之后于蓟"，二是"封召公于北燕"，差不多是同时代的事。此后，燕国发展得日愈强大，蓟的国力则比较弱，春秋时代，弱肉强食，很快蓟就被燕国兼并掉了，燕国则把自己的都城迁到了蓟城。此后，从春秋、战国历经秦汉、三国、西晋、北朝直到隋唐，这一千多年的时间里，尽管此地行政区划的名字屡有变化，但蓟城的位置几乎没有发生改变，而且连城市的规模也没有发生太大的变化。

（二）隋唐时期的幽州城

隋唐时期，蓟城所在的行政区叫作幽州。评书《隋唐演义》里，小将罗成的父亲老罗艺就是幽州总管。罗艺这个人在历史上确实存在，而且确实就是割据幽州、称雄一方的地方军阀。

到了唐代的时候，幽州城里的坊巷制度已经很成熟了，整个幽城里被划分为 26 个坊，坊的概念跟现在街道不太一样。每个坊的四周都围有高墙，高墙四面开有坊门，像一个个各自封闭的城中之城。除了坊外的公共街道以外，坊内也有一两条大路，路旁有巷，巷内就是居民的住宅了。在房山区云居寺有个藏经洞，封藏了从隋朝开始一直到清朝期间的几万方石刻佛经，有些石经的题记里记载了捐赠者、镌刻者的一些信息。其中有一方石经叫《大般若波罗蜜多经》，在它的题记里就记载着一个捐赠者的家庭住址："大唐幽州蓟县界蓟北坊檀州街西店"，说明这个里坊、这条街和这个街名至迟在唐代就已经出现了。经过考证，史学家们的意见基本一致，认为檀州街就是今日长椿街附近的三庙前街。

唐朝贞观十九年（645），幽州城里发生了一件大事。唐太宗率领大军远征辽东，与高句丽开战。当时的幽州是很重要的兵站，先要从内地把军械、被服、粮食调集到幽州，然后再从幽州运往辽东前线。这场战争打了很久，唐军的消耗也很大。为了稳定军心，唐太宗在幽州城里建起了一座悯忠台，做法事超度阵亡将士的亡灵，以表达皇帝对于从征将士们的悯恤之意。此后，便在悯忠台的基础上发展成了悯忠寺，千年以下，代代修葺，延续至今，只是寺名已改为了法源寺。这座寺庙对于北京历史非常重要，它见证了发生在北京的很多历史事件，比如安史之乱，安禄山就是在这里起兵的。古人常在文献中以悯忠寺作为表述方位的参照，所以学者们从文献中看到某地位于悯忠寺"东二里"，就马上可以找到对应的位置。

唐末五代时期，军阀混战，藩镇割据。后晋国主石敬瑭为了获得政治、军事上的支持，把包括幽州在内的燕云十六州割让给了北方少数民族契丹人，也就是后来的辽国。燕云十六州主要分布在今天的北京、河北北部和山西北部，从后晋开始直到明代初期的400多年间，北京地区一直处于北方少数民族政权的控制之下。

（三）辽南京与金中都

契丹是马背上的民族，就连辽国的皇帝也保持着游牧生活的习俗，春夏秋冬，各有行在之所，称为"捺钵"制度，而不像农业民族的皇帝，总是居处在固定的都城之中。辽国有五座都城，除辽上京（今巴林左旗林东镇）外，其余四座是陪都。按方位幽州位居最南，再往南走就到宋辽边界了，于是被称为南京，是与北宋进行经济文化交流的前沿城市，也是辽五京中最大的一座城市。

辽南京人口众多，经济文化都很发达。《契丹国志》记载："户口三十万，大内壮丽，城北有市，陆海百货，聚于其中。僧居佛寺，冠于北方，锦绣组绮，精绝天下。"当时商品流通的速度很快。北宋使臣苏辙来到辽南京时，发现他哥哥苏轼在南方刚刚刊行不久的《眉山集》在这里的市上题为《大苏小集》，已经在翻刻出售了。所以他在《奉使契丹二十八首其十三神水馆寄子瞻兄四绝》的诗中写下了"谁家将集过幽都，每被行人问大苏"的句子，反映了当时的辽人对于苏轼的关注和对北宋文化的向往。

辽南京四面城墙上每面开有两座城门。东为安东、迎春，西为显西、清晋，南为开阳、丹凤，北为通天、拱辰。城内西南方向为子城，又称内城或皇城，很整齐地占据了大约四分之一的南京城。皇城四面各开一门，东门称宣和门，北门称子北门。南门称南端门（又称启夏门），两侧各有小门，称左掖门和右掖门。而西门是与大城共用的，也就是南京城西城墙上的显西门。子城以外分布着里坊。辽南京沿袭了唐幽州城的里坊制，共划分为26坊，有些里坊依然沿用了唐幽州旧有的坊名，如厨宾、肃慎、棠阴、显忠、卢龙等坊。

保留至今的山西应县木塔是一座著名的辽代建筑。1974年，在整修塔内塑像时发现了一批辽代刻经、写经和木版套色绢质佛像画等珍贵文物。其中一件刻经上写着"燕京檀州街显忠坊门南颊住冯家印造"，这些文字正是辽南京城内里坊制度的一个见证。今日的广安门地区有一组地名叫北线阁和南线阁，这组地名也是从辽代的地名演化而来的。辽南京皇城东北角上原有一组建筑叫作燕角楼，"燕角"二字的古代读音和现在不一样，读作"烟稿"。历代的地理文献中都记载了这个地名，尽管字形不一，读音却是一致的。明代中叶的文献记作"燕角儿"。清末文献上仍写作南、北燕角，民间却呼其为南北"烟阁"，或是南北"线阁"。燕角楼的附近有一个大天王寺，它的规模不下于悯忠寺。当年的天王寺现在已经湮没了，但却留下了一座宝塔，就是今天广安门外护城河边的天宁寺宝塔。

公元1122年，女真人的大军攻入南京。按照事前与北宋之间的盟约，经过劫掠的南京空城被交付与北宋，并更名为燕京。但不过数年之间，金兵大举南下，不费吹灰之力，重新收回燕京。北宋靖康元年（1126），金人攻陷汴京，俘获了宋朝的徽宗和钦宗皇帝，并将他们和后宫嫔妃、文武百官以及国家重器押解北上，北宋至此灭亡。北上途中路经燕京，徽钦二帝就曾被囚居在悯忠寺及其东南方位的延寿寺。现收藏于故宫博物院的周石鼓，是华夏悠久文化的象征之一。石鼓上用古籀文字镌刻的四言诗，记述了周秦时代贵族田猎的浩大场面。自唐代出土以来，一直为历代皇室所珍藏，这次也被金兵押回了燕京。

贞元元年（1153），金海陵王完颜亮为了顺应历史发展的需要，正式将金国的首都从上京会宁府（今黑龙江省哈尔滨市阿城区）迁到了燕京，改名为中都。我们说北京有800余年的建都史，就是从这里算起的。此举不但为金朝的兴盛打下了基础，也奠定了元、明、清历代以燕京为首都的根基。从北京城市的历史发展进程来看，具有重要的意义。

海陵王学习模仿北宋汴京的都城规划模式，在辽南京城的基础上大兴土木。

辽南京原有子城（皇城）偏于城市的西南一角。要想改造成北宋汴京一样以宫城为中心的中轴对称环套模式，需要做出很大的改变。金中都在辽南京城的基础上向东、西、南三个方向大幅度扩建。扩建后的金中都城周三十五里余，方形，城门十三座。南面居中为丰宜门，右为景风，左为端礼；东为阳春、宣耀、施仁；西为丽泽、灏华、彰义；北有通玄、会城、崇智、光泰诸门。全城由外郭城、内城、皇城和宫城四重城墙套合而成。此时的皇城与宫城已约略处于都城的中央位置。在原南京旧城的范围内，按照北宋汴京的格局，对宫城进行了大规模改建。一条南北大道经皇朝正殿大安殿、宫城正门应天门、皇城正门宣阳门与郭城正门丰宜门相连，突出了皇权的至高无上。而皇城的西部是大面积的皇家苑囿，今日的青年湖，就是皇宫内苑鱼藻池的一部分。

随着都市面积的扩大，中都城的里坊已从辽南京时代的 26 个增加到 62 个。为适应城市经济发展的需要，中都城的里坊制度兼有辽南京和北宋汴京二者的特点，中心的内城部分保持了原辽南京相对封闭的坊制，而向东、南、西三面扩建的新区，已不再有封闭的坊墙围绕，开始了从隋唐封闭式里坊制向宋元开放式街巷制的转型。每一个坊的概念，不过是几条相邻的街道及其周边小巷的组合罢了。

为模仿汴京的皇家园林金明池，又在中都城外东北方向的湖沼地区建起了一座大型的离宫大宁宫，又称万宁宫，就是今天北海公园的前身。今日琼华岛上那些玲珑剔透的太湖石，原来都是宋徽宗耗尽天下民脂民膏搜集到手的"花石纲"，原本都叠砌在汴京御苑

煌煌大城——古都北京的前世与今生

里的"艮岳"之上。金兵打破汴京后,强迫百姓用小车把一块块的湖石全部运往幽州,每运一石,可折税粮若干,所以这些湖石又被称作折粮石。

(四)元大都

13世纪初,成吉思汗的蒙古铁骑挥师南下,经过了一番又一番的艰苦战争,中都城终于陷落了。当时战争进行得非常残酷,城市遭到了几乎是毁灭性的破坏。所以到了1264年元世祖忽必烈准备在这里建都的时候,看着残破的南城,几番踟蹰,难于取舍。蒙古人世代逐水草而居,忽必烈也难于抵御中都城外那丰茂水草的诱惑,几经斟酌,终于决定放弃中都旧城,而在旧城东北方的平原沼泽之间,建起了一座崭新的大城,这就是举世无双的大都城。关于大都城的宏伟、壮观和美丽,意大利人马可波罗在他的《游记》中曾做了非常详细的描述,极大地激发了西方探险家对东方世界的向往。

提到元大都,就不能不提起大都城的规划设计者刘秉忠。刘秉忠兼通释、道、儒之学,是蒙元初期杰出的政治家和学者之一,对元代的政治体制、典章制度的奠定发挥了重大作用。刘秉忠还是一个古代城市的规划和设计专家,早在忽必烈的幕府时期便受命在漠南金莲川草原上设计建造了开平府城,历时三年建成。忽必烈在此登上皇位,建立了元朝,开平府也被升为上都。从至元三年(1266)开始,刘秉忠奉命在中都城东北方向规划设计并开始营建大都城。他的规划设计因地制宜,兼收并蓄,富于创新特色,成为古代都城建设的杰作。

由于是在平原上择地新建,就像是在一张白纸上画一幅新画,元大都的营建可以完全不受中都城旧格局的约束,能够尽可能地遵循儒家经典中关于天子之都的理想模式,尽可能吸收和传承历代都城的规划成果,充分体现中华传统的都市文化理想,就此也奠定了今日北京城最初的城市雏形。

元大都规划营建之前，首先通过勘测在全城的几何中心建立了"中心台"，这在中国城市建筑史上尚属首创。中心台附近建齐政楼，设置钟鼓，晨昏报时，满城皆闻。对于大都的中轴线，元代《析津志》记载，"世祖建都之时问于刘太保秉忠，定大内方向。秉忠以丽正门外第三桥南一树为向以对。"由此定下了中轴线的南端。而史料中关于中轴线北端的记载则有含混之处，一说在中心阁，即全城的几何中心位置；一说在鼓楼，在中心阁之西。但是中轴线的长度应该是没有问题的。元大都城的平面布局继承了金中都、北宋汴京，以及隋唐长安、北魏洛阳等古代名都，实现了宫城、皇城、郭城三重环套的"回"字形布局。

最外层称京城，是一个南北略长的长方形，大都城的南墙在今天的长安街一线。东、西城墙沿着今天的东西二环路向北延伸。北面的城墙和西城墙的北段，至今还保留有相对完好的遗迹。城墙全部用夯土筑成，为了防止夏季雨水的冲刷，每年都要使用大量的芦苇，成排地编织起来，把整个土城层层遮起，叫作"蓑城"。有研究认为，东城区南部的几条芦草园胡同，应该就是当年堆放收藏芦苇的地方。京城四面开有11座城门：正南丽正门，东侧文明门，西侧顺承门；东城墙正中崇仁门，南侧齐化门，北侧光熙门；西城墙正中和义门，南侧平则门，北侧肃清门；北城墙东侧安贞门，西侧健德门。

第二层称外周垣，也叫萧墙、红门阑马墙，位于京城的南半部中间偏西，它的周长几乎与北宋汴京皇城相同，相当于明清两代的皇城。正南门为灵星门，东、西、北墙各开若干红门，正北门叫厚载红门。萧墙的正门灵星门与京城的正门丽正门距离很近，仅隔一段千步廊。而棂星门前后的"千步廊"和"周桥"，也都是从北宋汴京的建制中演化而来的。

然而，大都城内皇家宫城的位置及其布局，却并没有承继唐、宋时期位于都城中部、北部的传统，而是建在了城市的南部。而且皇城内的布局也不是前朝后寝的标准格局，而是以太液池为中心，大内、兴圣宫和隆福宫三足鼎立。其原因应在于蒙古民族世代逐水草而居，即便是在皇家宫城的布局上，也未能放弃这一传统。蒙古帝王根据具体的地理环境和实际需要，在元大都的规划建设中留下了自己的民族印记。

元大都的宫城也称大内，其平面布局与大都的城市中轴线严密契合。大内的两组主要建筑大明殿和延春阁的主殿、柱廊和后殿都建立在这条中轴线上。中轴线向南北两个方向延伸，向南穿过宫门崇天门（午门）、灵星门和丽正门；向北穿过厚载红门、海子桥，直达中心阁。

皇城以外是居民区和商业区。当时皇城北面的海子沿岸和中心台一带，是京杭大运河的终点码头，也是大都城的中心。当年这一带舳舻蔽水，桅樯如林，是大都城内最繁华的商业区。皇城东面的齐化门内，今天的朝内大街北侧，有祭祀皇族祖先的太庙。皇城西面的和义门内，今天的西直门大街路南，有祭祀土地和五谷之神的社稷坛。每座城门以内都有一条笔直的干道，两座城门之间，一般也都要开辟一条干道。中心台向西，沿着积水潭的东北岸，开辟了全城最长的一条斜街，这就是今天的鼓楼西大街。

大都全城共分为 50 个坊，坊与坊之间由街巷贯通。沿着大街的两侧，小街和胡同均作东西方向平行排列。胡同里的居民住宅，也都是坐北朝南，东西排列。城市初建时，胡同里的宅基地被官方划分成八亩一区的若干等分，两条胡同之间的平均距离是 70 米。建房人根据自己的财力认建一份到几份，规划十分规整。至今，东城区南锣鼓巷一带的胡同还比较好地保存着元代街巷布局的遗制，是北京市很重要的一处城市风貌保护区。

大都建成后，国家机关和勋戚权贵纷纷迁往新城。中都旧城虽然久已残破不堪，然而，直到明朝中叶修筑北京外城，这里始终都有人居住。与新城、北城相对应，这里被称作旧城、南城。百余年来，南北城之间，车马行人络绎不绝。南城旧有街巷的布局虽然没有发生本质变化，但东部和北部朝向新城的街巷，却在行人的足下渐渐地变成了东北、西南方向的斜街。这也就是今日西城区南部那几组斜街的来历。上、下斜街原在中都城内，是取道顺承门的行人用双脚、马蹄和车轮踩压在废墟上，强行改变了街道的走向。铁树斜街、大栅栏西街、棕树斜街、樱桃斜街、杨梅竹斜街、炭儿胡同、取灯胡同等本在中都城外，行人出中都宣曜门，直取大都丽正门，先有斜路，后有街坊。

（五）明清北京城

洪武元年（1368），朱元璋创立明朝，建都南京。征虏大将军徐达奉命北伐，大军摧枯拉朽，攻占了大都城，元朝灭亡。徐达攻占大都之后，为了军事防卫上的需要，废弃了大都城的北半部，在大都北部城墙以南五里的地方又加筑了一道又高又宽的新城墙，在新的北墙上开辟永定、德胜二门，取代被废弃的安贞、健德二门，同时也废弃了东西城墙的北段及光熙、肃清二门。大都城失去了首都的地位，就此改称北平府。

朱元璋去世以后，他的儿子燕王朱棣发起"靖难之役"，从北平一路打到南京，从侄子建文帝手中夺过了皇位，在南京登基做了皇帝。但朱棣的政治根基在北京，他肯定是要把首都迁回北京的。早在永乐元年（1403），朱棣便诏改北平为北京，作为天子行銮驻跸的"行在"。永乐四年（1406），下诏以南京皇宫为蓝本，兴建北平的皇宫和城垣。

这次营建北京，虽然在不少地方继承了大都城的格局，但也根据现实需要做出了许多新的创设和改动。为了在政治上表达自己的正统地位，此次"北京营建，规制悉如南京，而高敞壮丽过之"。不仅城市格局、宫殿衙署悉如南京之制，连重要建筑物的命名大都也是照抄南京。

为此，首先将元大都的南墙向南扩展了800余米。这样做的目的是为了加长皇城正门到京城正门的距离，将皇城和紫禁城的位置摆放在南北中轴线的中间部位。同时也突出了紫禁城的前奏空间，以便将太庙和社稷坛安排在皇城以内、紫禁城前，并在延长了的千步廊两侧布置中央衙署。

将元代的萧墙改建为皇城。东、南方向有所拓展，前方的大明门和后方的北安门（清代改称地安门）建在中轴线上，东面有长安左门和东安门，西面是长安右门和西安门。

对于宫城内的布局，一改元朝以太液池为中心，沿湖分布大内正朝与太子府、太后宫的格局，而是将宫城的位置南移至午门，在中轴线上建造了前三殿和后两宫。轴线两侧对称布置文华殿、武英殿和东西六宫，严格恢复了汉族传统前朝后寝的形制。

调整皇城和宫城水系，在元代太液池的南面开挖"下马闸海子"，即今日西苑三海中的南海，以扩大太液池的水面。把开挖南海、紫禁城护城河的土方在宫城的北门外堆成万岁山（今景山），使城市中轴线得到了延续，还增大了起伏的幅度，使内容更加丰富。

将旧鼓楼大街上的钟、鼓二楼向东移到全城的几何轴线上，从而使宫城与全城的中轴线完全重合。这次改造延续了元大都的中轴线，向南延长了800米，北端稍加延长至钟楼。

大规模建设坛庙，包括紫禁城前与中轴线对称的左祖右社，在丽正门外东建天地坛，西建山川坛和先农坛。

永乐十八年（1420），北平皇宫和城垣建成。永乐十九年（1421）明朝中央政府正式迁都北京，以北京顺天府作为京师，但仍保留南京的留都地位，形成了南北两京的局面。

永乐皇帝刚刚迁都几个月，就在当年的初夏，紫禁城内的奉天、华盖、谨身三大殿突遭雷击失火，全部焚毁。紧接着第二年冬天乾清宫又遭火灾。一时间朝议汹汹，很多朝臣都认为是强行迁都造成了天谴。虽然朝臣的议论被永乐帝强行压制下来，但北京的营建工程也陷入了停顿。三年后，明成祖辞世，明仁宗即位。仁宗皇帝长期作为太子在南京监国，即位后面对残破的北京皇宫，立刻就有了还都南京的打算，他下令修葺南京宫殿，并在北京六部的印信上增刊"行在"二字，等于废除了北平作为京师的地位。但仁宗登基未满一年即已驾崩，还都南京的实际行动尚未来得及展开。尽管他在遗诏中强烈表明了希望还都的意愿，但继位的明宣宗还是暂缓了还都的计划。直至12年后的正统元年（1436），明宣宗的儿子明英宗继位后，正式确定北平为明朝京师，首都的营建工程才又再次启动。

明英宗登基伊始，就决定修建北京九门城楼。这是明朝立国以来首次全面整修元大都旧城，建造起各城门和月城的城楼、箭楼，城墙四角建角楼；疏浚城濠，改建城门外的木桥为石桥。然后又在元代土城的内外两面包砌了城砖。

正统五年（1440）开始，调集工匠军工开始重建焚毁于大火的三大殿和两宫。正统七年（1442），按照南京模式，在大明门东建宗人府、吏部、户部等文职衙署；在大明门西建五军都督府、锦衣卫等武职衙署。大理寺等三法司也建到城西。次年秋天，又按照左庙右学的格局，重建了元代遗留下来的孔庙。终于完成了永乐时期确定的首都北京的蓝图。这次营建北京经历了永乐和正统祖孙两个皇帝执政期间，其土木营建的总量远远超过了后来的清朝，即便在世界建筑史上也是一次罕见的大规模营造活动。

到了明代中期，正阳、崇文、宣武三门之外的关厢地区经济发展繁荣，但却经常面临北元残余势力的军事侵扰，蒙古大军直逼京师城下，城外的居民无处容身。嘉靖三十二年（1553）朝廷决心修建外城。本来的方案是按照古制建一圈罗城以包围京城四面，但由于皇帝担心工期太长，施工困难较大，所以改为只建南面一面，将计划中的口字形环套式外城变成了凸字形衔接式外城。工程当年完工，将天坛和山川坛都囊括在外城范围内。外城开辟了 7 座城门，正门名永定门，正当正阳门南的中轴线上，两侧为左安门和右安门，东西两侧的城墙上开辟广渠门和广宁门（清代改为广安门），北面与内城衔接处的两侧，各开辟有东便门和西便门。如今外城的城墙虽然已经没有了，但护城河依然存在，为我们标出了城墙确切的位置。这样一来，明北京所沿用的元大都中轴线，从正阳门南延至永定门，总长增至 7.8 千米。

公园 1644 年，明朝灭亡，北京成了清朝的首都。清代的北京完整地承袭了明代北京城的基本形态以及城市中轴线，又经过多年的精雕细琢，使其更加丰富与完善。

清代初年全面修缮了被战争破坏的皇宫和城楼。重修了紫禁城三大殿，将明代嘉靖以来的皇极殿、中极殿、建极殿更名为太和殿、中和殿、保和殿；重修了皇城正门承天门的城楼，并将其改名为天安门，皇城后门北安门改为地安门，再加上东安门和西安门，奠定了皇城与紫禁城"外安内和"的文化定位。顺治十三年（1655），将明代的万岁山正式改名景山。乾隆年间又在山前修建了绮望楼，山后建了寿皇殿，在山脊上对称地修建了五座亭子，将中轴线的完美推向高峰。

然而，清代北京内外城的功用发生重大的变化。顺治五年"谕户部等衙门：……除八旗投充汉人不令迁移外，凡汉官及商民人等，尽徙南城居住"，形成了满汉分城居住的双城制，而内城则成为全国最大的"满城"（驻防旗营）。对北京城政治、经济、文化的发展产生了长远而深远的影响。

明清帝京景观

自从外城建成后，北京城的基本轮廓就算是形成了。原宣武区的街巷是辽金的底子,原东、西城的街巷是元大都的底子,只有原崇文区最年轻。这一基本轮廓,经历了明清两朝,一直到北京和平解放,也没有发生什么大的变化。今日人们口中的"老北京",其时间范围大抵指的是清末民国时期,而空间范围的特征则可以包括自明代中叶以来的北京内外城,也就是今天的北京核心城区。

在中国古代的建筑传统中,都城的规划与布局一贯表现出两种鲜明的特色,首先是全封闭的城垣系统,其次是严格的中轴对称式城市布局。北京城就是这种布局的典型。

(一)重重封闭的城垣系统

军事防卫是古代城市最重要的功能之一,在冷兵器时代,城防系统最主要的内容包括城墙、城门和城壕。明清北京城共有四重高墙,外城环绕内城,内城环绕皇城,皇城环绕着紫禁城,层层封闭,皇帝的宝座就处于四重高墙的中心。

明清北京的内城是在元大都土城的基础上改建的,周长22千米。城墙通高13米,底部厚约20米,顶部宽16米,内外两面都砌有巨大的城砖。每隔90米左右设有一个与城墙等高,向外侧突出的敌台(也叫墩台或马面),它的功能是分散敌军的兵力,并与两侧城墙构成相互支援的交叉火力。敌台内侧的城墙上,设有铺舍以储备军用物资,并供守城军队休息。城墙上,外侧边缘布满了一人高的雉堞(也叫垛口),上面开有射孔,用于阻击敌人的进攻。内侧边缘筑有女墙,防止守军跌下城墙,并设有上下城头的马道。明代中叶修建的外城,高度和厚度都要略小于内城,其造型、结构与内城基本一致。在内外城的四角,都建有突出城垣以外的角楼,与相邻的两面城墙之间形成交叉火力。城墙以外约50米的距离,是人工挖掘的护城河,宽30米,深5米,绕城一周。

内城的四面城墙上开有九座城门,所以北京人向来以"四九城"这个词汇来称谓整个北京城:南面正中是正阳门,东有崇文门，西有宣武门；东面城墙上有朝阳门和东直门，西面城墙上有阜成门和西直门；北面是安定门和德胜门。

在北京的闾巷传说中，内城九门各走一车。正阳门为皇帝龙车出入之门，又称国门；崇文门是京城总税关，故又称税门；宣武门外为菜市口刑场，囚车从此出入，又称死门；朝阳门内的京师官仓收纳南方运来的漕粮，故称粮门。阜成门沟通京西门头沟矿区，运煤车辆多出入此门，故称煤门。东直门为京城建设所需的"皇木"进京之门，故又称木门。西直门因皇帝御用之水取自玉泉山，运水车辆皆走此门，故又称水门。德胜门为将士出征之门，故又称军门，以预示出师连捷，马到成功。安定门因门外多粪场，粪车皆自此门出，故又称粪门。

外城的城墙上开有七座城门：南面正中是永定门，东有左安门，西有右安门；向东有广渠门，向西有广安门；东便门和西便门则是朝向北面。

所谓城门，并不是一座单一的建筑，而是一整套完整的军事防卫设施：城门洞开在城台之下，城台上面建有城楼，正对城门外不远处是箭楼，两道月牙形的城墙把城楼与箭楼连接起来，构成封闭的瓮城，瓮城一侧开有闸门，其上建有闸楼，箭楼前面的护城河上建有石桥。箭楼和瓮城向前面突出，共同构成一组要塞，用来分散敌人的兵力。守城的士兵们在城上向敌人施放弩箭，或投掷滚木擂石，彼此构成交叉火力，置敌人于不利的地位。必要的时候，还可以把一部分敌人放到瓮城里面关起门来打。这在冷兵器时代是非常有效的防卫设施。

内城的中心部位是皇城。周长9千米，高6米，厚2米，用砖砌成，外面涂成朱红色，上覆黄琉璃瓦。

皇城以内就是皇帝家的"院子"，除了宫殿以外，还包括西苑三海等皇家苑囿，以及与皇家事务相关的作坊、仓库和机构，例如大石作、酒醋局、缎库、灯笼库、西什库、会计司、南府（升平署）等，有些作为地名一直保存到现在。皇城没有设置城楼、箭楼之类的军事设施，它的作用仅仅在于从礼仪上划分尊卑，是划分皇家与平民的一道不可逾越的障碍。皇城的四面各开一座城门，分别是天安门、地安门、东安门和西安门。

　　皇城的中心是紫禁城。高大的城墙既是皇帝权威的体现，又是城池的主要防线，为了保证皇帝的"绝对"安全，紫禁城城墙比皇城还要高大宽厚。紫禁城仅有午门、神武门、东华门和西华门四门可与外界相通，宫城四角建有华丽的角楼。城外还有又宽又深的护城河。

　　紫禁城就像是皇帝家的宅子，皇城就像是皇帝家的院子。皇城盘踞在城市正中，显示着皇权的至高无上，却把内城人为地分成了东西两边。朝阳门和阜成门两两相对，本该有一条大街彼此相连。但朝阳门大街和阜成门大街到了皇城边上就被截断了。当年的长安街虽说是从东单到西单的一条横轴线，可到了天安门前也就被东、西三座门截断了，再往里就是皇家禁地了。东、西城的人们要想来往，要么绕地安门以北，要么绕棋盘街以南，往来极为不便。

（二）城市中轴线与中轴对称

　　从13世纪的元代大都城开始，北京就有了一条明确的城市中轴线，从南向北纵贯京城，到了明清时期则更加严格而规范。

　　这条中轴线南北长达7.5千米，其南端是北京外城正中的永定门，一路穿过内城的正门正阳门、皇城的正门天安门、皇宫的正门午门，穿过皇宫，也穿过皇帝的金銮宝殿，翻越城市的制高点景山，最后终结于内城北端的鼓楼和钟楼。闾巷传说，这条中轴线是北京城的龙脉，正阳门是龙头，天桥是龙鼻子，左右各有一条龙须沟；紫禁城是龙身，紫禁城四角上的角楼就象是龙爪；龙尾在景山高高拱起，一直甩到了钟鼓楼。

　　北京中轴线是全世界古代城市规划中里程最长、时间最久、重要的大型建筑物的数量和种类最多的一条城市中轴线，许多国家的教科书都把它作为城市规划的经典予以记载。它构成了北京城的脊梁。而中轴线两边则是几十平方千米的严格对称：左安门对右安门，广渠门对广安门，东便门对西便门，崇文门对宣武门，朝阳门对阜成门，东直门对西直门，安定门对德胜门。还有天坛对先农坛，日坛对月坛，太庙对社稷坛，等等。

永定门是这条中轴线的南端起始点，是明清北京外城的正门。永定门向北是一条宽阔笔直的大道，那是皇帝每年去南郊祭天、祭先农，或是去团河行宫狩猎的必经之路。一旦皇帝出行，事先要净水泼街，黄土垫道，同时断绝一切交通，所有的百姓一律都要回避。

永定门只是屏蔽正阳门的卫门，正阳门才是真正的国门，其建筑规格明显地高于其他城门。北京百姓把正阳门叫作前门，北京民谣说："前门楼子九丈九"（33米），其实它通高42米，比其他所有的城楼都要高大。

作为首都重要的城防设施，北京内城所有城门的箭楼下都不开门洞，只在瓮城的侧面对外开一个门洞。平日里，人们通过闸门进入瓮城，然后才能进入城楼下面的城门。

正阳门却不同，由于皇帝每年都要通过这里去南郊祭天、祭先农，所以正对城门的箭楼下面也开了一个门洞。瓮城两侧对称的位置各设一座闸楼和一个门洞，这样一来，正阳门瓮城内就有了4个门洞。但箭楼下的门洞是为皇帝一个人专设的，要不是皇帝到来，那座门是永远不打开的。

由于正阳门是中轴线上最重要的交通孔道，所以也就成了经商的黄金地段，自从有了瓮城圈儿，这里就是店铺林立，买卖兴隆。从东西闸门沿着月墙到正阳桥，形成了两条热闹非凡的买卖街，东月墙外叫作荷包巷，西月墙外叫作巾帽巷。

过了正阳门继续向北就是棋盘街，棋盘街的北边是皇城的一道外门，明朝叫作大明门，清朝叫作大清门，清朝以后改叫中华门。

这座门与北边的天安门之间是由石板铺成的中心御路，构成了一个全封闭的"T"字形广场，广场的内侧周边各有连檐通脊的廊房144间，称作"千步廊"。千步廊两侧以外，文在东，武在西，排列着各中央机关的衙署。

千步廊的北端，宫廷广场向两侧延伸，东有长安左门，西有长安右门，门外便是东、西长安街，向两侧一直通到今天的东单和西单商业路口。在封建时代，东、西长安街之间的交通是完全封闭的。

位于中轴线上的天安门，是明清皇城的正门。巨大的城台之下有5个门洞，中间一个只有皇帝才能出入，旁边的两个允许宗室、王公和三品以上的文武官员出入，最外面的两个门洞才是四品以下官员使用的。

在封建时代，天安门地位至尊，常闭不开，只有皇帝到天坛祭天、到地坛祭地、到先农坛亲耕，或者是皇帝登极、大婚、出兵亲征时才启用和出入天安门。除了皇帝大婚时新婚皇后可以从天安门抬进后宫，即使是其他嫔妃也是绝对禁止出入天安门的。

每逢皇帝要向全国发布重大诏书的时候，要在天安门上举行隆重的"金凤颁诏"仪式。将诏书用鼓乐仪仗引导至天安门城楼上，由宣诏官宣读诏书。金水桥外，文武百官和百姓耆老列班而跪，行三拜九叩的大礼。宣诏完毕，将诏书衔在一只木雕的金凤口中，用彩绳悬吊，从城上徐徐放下，送往礼部衙门，缮写分发，颁告天下。

从天安门向北的御路中间，有一座和天安门规制完全相同的端门。御路两侧，东边的太庙祭祀皇家祖先，西边是象征国家的社稷坛。社稷坛上，集中了来自全国各地不同颜色的土壤，按五方一一排列，中央是黄土，东青土，南红土，西白土，北黑土；连四面坛墙上的琉璃瓦也按四方的颜色设置。

紫禁城的正门叫午门。东西北三面城台相连，环抱着一个方形广场。整个午门宛如三面山峦环抱，五座奇峰突起，俗称五凤楼。这种形制的门只有天子才可以用，是皇帝宫殿的特殊标志。每年冬至，皇帝要在午门颁发来年的历书，如遇有战争获胜，要在此举行凯旋"献俘"仪式。

午门向北进入紫禁城。紫禁城依南北分为前后、内外两个区域，南面为外朝，是皇帝举行典礼、发布命令，治理国家政事的地方；北面为内廷，是皇帝和后妃居住的地方。

三大殿最前面的太和殿，俗称金銮殿，是皇帝登极和文武百官举行大典朝会的地方。皇家建筑的最高规格一般都是面宽9间，为了表现太和殿的独特地位，大殿的面宽为11间。

内廷宫殿左右分为两宫和六寝，六寝指的是东西六宫。在中轴线上，前面的乾清宫是皇帝的寝宫，后面的坤宁宫是皇后的寝宫，中间的交泰殿是后来增建的，意在天地交泰，阴阳合和，万物有序。

在五行学说中，色彩中的红色与情绪中的喜是相互联系的，所以紫禁城中的外墙、门窗、廊柱也一律用红色。除了紫禁城之外，建筑上能够使用朱红颜色的也只有亲王府邸和庙宇，平民建筑是不准大面积使用朱红色的。

紫禁城的北门称神武门。出了神武门就是景山，是当年北京城的最高点，它不仅位于全城的中轴线上，而且还是北京内城的正中心。

景山向北，就是皇城的北门地安门。与天安门互相对应，取天地平安之意。

中轴线结束于城市北端的钟鼓楼。在中国古代，几乎所有的城市都要建一座鼓楼，一来作为城市中心的标志，二来用以击打更鼓向全城报时。元代北京的钟鼓楼就建在城市的中心台，明代以后城市范围南移，才成了中轴线的北端。

（三）西苑三海与九坛八庙

作为中华帝国曾经的都城，北京的城市风貌中，除了大量的城垣宫殿遗存外，皇家专有的园林和坛庙也极为引人注目。

在皇宫的西侧，自北向南分布着一连串三个湖泊，这就是西苑三海，包括北海、中海和南海。它是中国现存的历史最悠久、保存最完整的皇家园林，比明清北京城的历史还要久远。辽代最先利用这一带的自然水域尝试营建皇家园林。金代开始了正式的兴建，建成了大宁离宫。在元代大都城的规划与建设过程中，海子正式成为御苑中的太液池。明清两代，西苑三海一直是皇家禁苑。

九坛八庙不是普通的寺庙，而是皇家专用的九座祭坛和八座庙宇。九坛指的是圜丘坛（天坛）、方泽坛（地坛）、祈谷坛、太岁坛、朝日坛、夕月坛、先农坛、先蚕坛和社稷坛；八庙包括太庙、奉先殿、寿皇殿、传心殿、雍和宫、堂子、文庙和历代帝王庙。九坛八庙昭示了君权神授，是帝王治理国家必须的政治工具，只有在封建国家的首都才会有这样的建筑。

（四）市街坊巷

早在13世纪元代规划大都城的时候，设计者就尽可能严格地遵循儒家经典中天子之都的理想模式。主要街道围绕城市中轴线对称排列。沿着所有南北方向的街道两侧，东西向平行排列着密密麻麻的胡同。胡同外面是四通八达的通衢大道；胡同里面则是封闭幽静的四合院落。

明清北京主要街道的布局也严格遵循了中轴对称的格局。内外城的城门之内，建有两两相对的城市干道，其中的三条干道格外引人注目。

内城的东、西两侧，与中轴线平行，各有一条纵贯城市南北的笔直大街，名字都叫大市街。西边从宣武门到新街口，东边从崇文门到北新桥。两条大街中间十字路口的位置，就是城里最热闹的商业区之一，东大市和西大市。作为大市的标志，是十字路口上两两相对的四座木牌楼。在两条大街向南延伸与长安街相交的地方，又各有一座单独的牌楼。在东西城百姓的口语中，地名都叫作四牌楼和单牌楼。在那个时代，东西城之间交通不便，人际交往很少，所以也不必担心地名混淆。等后来有了东单牌楼、东四牌楼、西单牌楼、西四牌楼这些地名，那已是民国以后打通了皇城，东西城自由交流时代的事了。中华人民共和国成立以后，为了方便城市交通，拆除了牌楼，就只剩下东单、东四、西单、西四这些让外地人不解的地名了。

外城建好以后，广渠门和广安门之间形成了一条横贯外城的东西干线。正阳门大街、崇文门大街、宣武门大街以及东便门大街、西便门大街向南，左安门大街和右安门大街向北，分别与这条横轴交汇，构成了外城街巷的主要脉络。正阳、崇文、宣武前三门外的三处关厢，由于地处冲要，早在外城修筑以前就已是商贾云集，繁华异常的商业街了。清朝以后，满汉分城居住，大批的汉人土著迁居外城，全国各省的会馆、试馆全都设在外城，各地往来的客商也都寄住在外城，所以很快就形成了前三门外的畸形繁荣。

近代以来的北京巨变

近代以来，北京这座古城发生了巨大的变迁。

自清代晚期开始，北京城封闭的城垣系统就已经开始被打破了。1900年的庚子战争中，八国联军占领了北京城。为解决运兵需求，将西便门西城墙、永定门东城墙以及崇文门瓮城打通，铁路直接通到了正阳门下。

辛亥革命推翻了中国历史上最后一个封建王朝，封建帝都一夜之间变成了民国首都，城市面貌在很短的时间内发生了根本性的变化，迅速完成了向近代化城市的整体过渡。1912年，大清门改名中华门，与东西长安门一起面向人民开放，天安门前封闭了数百年的宫廷广场从此对外开放。

为了消除皇城对北京交通的阻碍，1913年，拆除了中华门内的千步廊和东西三座门两侧的宫墙，打通了东西长安街，使其真正成为沟通城市东西方向的一条干道。

接着又在皇城南墙上开辟了南府口和南池口两处券门，打通了南北长街和南北池子两条通向皇城内的通道，初步打开了南北向的交通。又开辟了横贯皇城的西什库大街和景山前街等东西通道，沟通东西城之间的联系，将从前的宫廷禁地改造成公共使用的通衢大道。1923年以后，陆续拆除了东、西、北三面的皇城城墙。

进入民国以后，由于城市交通量激增，旧城墙的封闭系统严重限制了城市交通和经济的发展，所有的城门都成了城市交通的瓶颈。北京的城门改造工程被提上了民国首都建设的日程。

当时北京城交通流量最集中的就是内外城之间的前三门，而位居中轴线上的正阳门的流量又大大地超过了两边的宣武门和崇文门。1915年6月，两项大工程同时启动，并于年底同时竣工。

其一就是由内政部和京都市政公所共同展开的"正阳门改建工程"。时任民国政府内务部长兼北京市政督办的朱启钤亲自主持，改建方案出于德国建筑师罗斯凯格尔（Rothkegel）之手，工程仅用了6个月的时间，瓮城月墙及东西闸楼全部拆除，原来封闭的瓮城变成了一个开放的空间，周围种植树木，并修建了西式喷泉。紧靠正阳门两侧的城墙上，各开通两个南北向的门洞，新修了宽阔的道路，直接沟通了内外城的往来。以往在正阳门地区（包括棋盘街和正阳门瓮城两侧的荷包巷与帽巷）营业的商家和摊贩被安排到前门外的劝业场等西式百货商场营业，或转移到城南天桥地区，从而促进了这一地区的商业繁荣。

另一项工程是修筑北京环城铁路。环城铁路的行经路线类似于

隋唐时代的城市、寺院与建筑

王贵祥[*]

---

[*] 王贵祥,清华大学建筑学院教授、博士生导师,清华大学建筑学院建筑历史与文物建筑保护研究所所长。主要研究方向为中国古代建筑史与古典建筑法式制度、西方建筑理论史、中西建筑文化比较。

提到隋唐时期的建筑遗址，大家可能想到著名的赵州桥、洛阳龙门石窟的一些雕像，还有陕西昭陵前的各种石像生以及乾陵前的石狮子。那么除了这些耳熟能详的建筑雕塑之外，隋唐时期还有其他值得我们关注的建筑吗？答案当然是肯定的。

隋唐时代，如同秦汉时代一样，虽说是两个朝代，但是很难割裂开去观察和研究。公元581年，隋建立；公元618年，唐建立，到公元907年，唐代灭亡，前后327年时间，在中国城市史与建筑史上具有重要地位。

隋唐时代的城市

隋唐时代的城市中，最重要的两个就是长安和洛阳，这也是我国的四大古都中的两个。其中，隋唐长安城，在隋代称为大兴城，是这两个朝代的首都。隋大兴城是在两汉长安城的东南方向，于公元581年一次建造而成的。唐代又加以续建，如大明宫、兴庆宫、曲江芙蓉苑等，但基本保持了隋代大兴城特征。

隋唐长安城最重要的一个特征就是里坊制，里坊边长从350步、450步、550步，至650步存在有规律的级差韵律，与唐代长安大雁塔那种造型上的节律感在审美上有相似性。里坊是居民居住的场所，而商业贸易则在固定的东西两市进行（图1）。

洛阳城始创于东周时代，东汉时成为全国的政治中心。北魏时在东汉洛阳基础上加以扩建，形成5世纪世界上最大的都市。7世纪初，又在汉魏洛阳的西侧，在正对龙门的位置上，创建了隋唐洛阳。宋末洛阳遭到彻底破坏，金代形成了后来洛阳的规模，明清时成为一个州城。

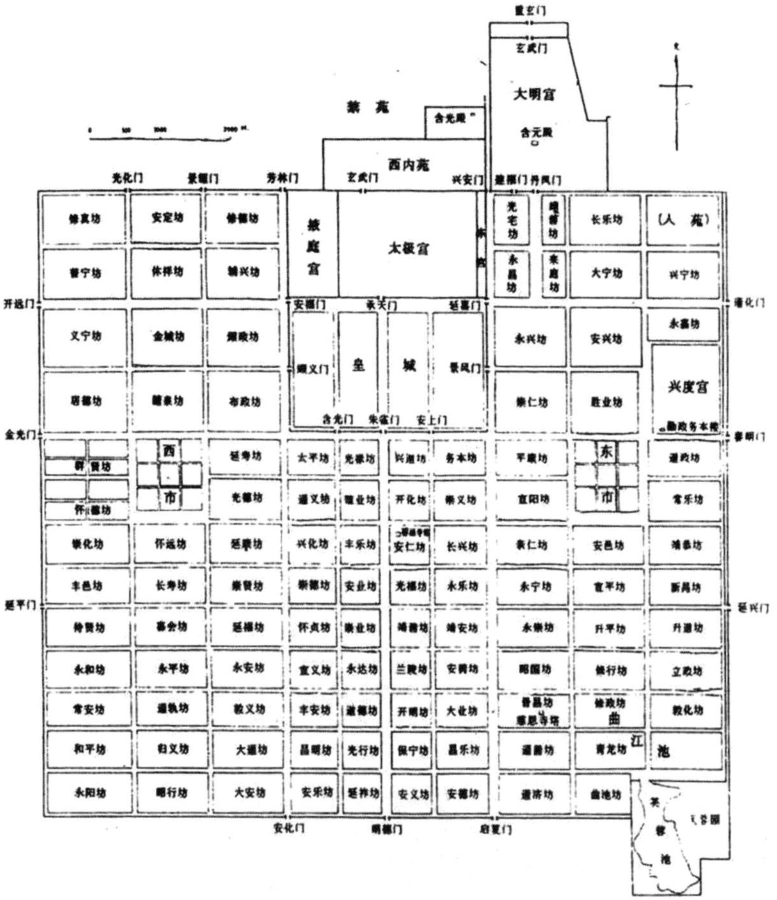

隋唐时代的城市、寺院与建筑

图 1　唐长安城复原图

（引自：刘敦桢. 中国古代建筑史. 北京：中国建筑工业出版社，1984）

隋唐时代的宫殿建筑

隋唐两京城中最重要的是宫殿建筑。唐长安城内有 3 座宫殿建筑，分别是太极宫、大明宫和兴庆宫；洛阳城中有 2 座，分别是洛阳宫和上阳宫。

太极宫基址面积有 8 000 多亩，主要建筑有太极殿等，宫城外是皇城，成为中央衙署所在地。大明宫是中国历史上最重要的一座宫殿建筑群，唐代帝王多居住于此，其基址范围有6 000多亩。大明宫中主要宫殿有含元殿、麟德殿等，含元殿是正殿，麟德殿相当于宴会厅及唐代皇帝的避暑建筑。唐明皇修建了兴庆宫，基址面积2 000多亩，主要建筑有有勤政务本楼、花萼相辉楼等。

作为对比，大家都知道的明清故宫占地面积也只有1 200余亩，所以说隋唐时期这些宫殿的面积都是相当大的，建筑风格也非常雄伟宏大。

洛阳宫基址面积2 000多亩，主要有应天门和主殿，主殿位置上先后建有隋乾阳殿、唐高宗乾元殿、唐武则天明堂和唐玄宗乾元殿。在武则天明堂之前，唐高宗曾经想建造一座明堂，并且先后做了两个方案，其中总章二年（669）诏定明堂，有十分详细的设计，还做了模型（图2），请群臣参与意见。但因总章二年天旱，没有能够最终实现。但却保存了一座唐代大型建筑最详细的记录。

图2　唐高宗总章明堂复原图（作者复原图）

唐代佛寺与寺塔建筑

佛教在东汉时传入中国，到3世纪开始在中国兴起，在南北朝时基本达到了一个高潮，隋唐时期进入发展的巅峰时期。其中，唐代的寺院不仅数量多，而且规模大，建筑物的体量和尺度也很大。

隋唐时代的城市、寺院与建筑

隋代，隋文帝和隋炀帝对佛教都表现出积极护持与鼓励的态度。从隋代开始，由帝王下达敕诏，在全国范围内许多州郡，同时建立同样名称的寺院，并且同时在各地建造舍利塔，使佛教寺塔建造成为一种国家行为。隋代还在佛经的搜集、整理、翻译、保藏方面，起到关键性历史作用。因数百年分裂与战乱而分散各地的佛经，在隋代初年被搜集、保存在专门寺院中，并设置了国家级佛经翻译机构——翻经院。

唐代初年，唐高祖与唐太宗对佛教的护持与鼓励缺乏隋代文、炀二帝的热情，对佛教采取了一些限制，如贞观年的"简僧"政策，并明确提出"道先释后"政策，对初唐佛教寺塔建造，起到一些遏制作用。到了高宗、武后时期，对佛教及建筑开始投入极大热情，将唐代佛教及寺院建造推向高潮。数百年的积淀、发展，加之盛唐的繁荣，使唐代佛教出现迸发性效果，有了十余个佛教宗系，如天台宗、华严宗、唯识宗、法相宗、三论宗、净土宗、律宗、禅宗、密宗、三阶宗等。随新译佛经的传播，也出现诸多信仰变化，对唐代佛教及寺院发展，起到了极大的推动作用。

隋唐两代统治者多次以国家名义，在全国范围内广泛建造寺塔。隋文帝在五岳名山各建立一座佛寺，并在45个州各建立一座大兴国寺，之后又多次向全国各州郡分发舍利，在各地同时建造百余座舍利塔。唐代延续了隋代这种以国家名义在全国范围内大规模建造佛教寺塔的做法，并将这一做法推向极致。如唐太宗贞观年间，曾在其征战过的10个地方建造了10座悯忠寺。因为当时唐太宗征高句丽的惨烈战争，有许多军士死伤，为了表达对于这些阵亡将士的悲悯之情，就在全国建立了10座悯忠寺，其中在幽州的那一座就是北京法源寺的前身。所以我们说唐朝初年在佛教的政策上是有些奇怪的，一方面限制佛教，另一方面又以国家名义修建了一些佛教寺院。

到武则天时期，《大云经》中有一段内容讲将来会有女王下世为阎浮提主，这本佛经被和尚献给了武则天。武则天非常高兴，为了借此经宣扬其统治的合法性，诏令天下各州建"大云经寺"。宋人所撰《长安志》中描述了这一过程：

> （怀远坊）东南隅大云经寺。……武太后初幸此寺，沙门宣政，进《大云经》，经中有女王之符，因改为大云经寺。遂令天下每州置一大云经寺。

武则天的儿子唐中宗李显继承皇位之后，采取了和他母亲一样的做法。武则天把李唐王朝的权力夺走，他又夺回来了，可以说是"中兴"，所以诏令天下各州各修建一所中兴寺。后来由于臣下劝谏，认为"中兴"不妥，应称"龙兴"，于是在神龙三年下诏改各地中兴寺为龙兴寺。现在河北正定县的隆兴寺就是隋代初创的龙藏寺，在唐中宗时曾更名为龙兴寺，清代时又改了一个字，称隆兴寺。

唐玄宗开元时期，又一次以国家名义，在全国范围内设"开元寺"。《唐会要》中记载："天授元年十月二十九日，两京及天下诸州，各置大云寺一所。至开元二十六年六月一日，并改为开元寺。"这一次天下普置开元寺，是在武则天所置大云经寺的基础上，将大云经寺改为开元寺而实现的。也就是说，这一年并非都在各地建造了新寺，而是将旧有大云寺改换了寺名。

总的来讲，从初唐到盛唐国家富足，国力强盛，所以有能力在全国各地以国家名义建寺。开元寺、龙兴寺、大云经寺都是皇帝下令、以国家名义建造的。原先几乎各地都有开元寺，北京以前也有，只是现在消失了；北京向南，河北正定、邢台以及河南一些地方，甚至一直到福建、广东都有留存下来的开元寺。例如福建泉州的开元寺至今还保留着一些唐代建筑的特征，双塔并峙，回廊环绕，气势恢宏。

唐代的寺院往往规模极大，内部有各种各样小的佛教服务空间。有位高僧叫作道宣，他描述过理想中的寺院，与我们现在经常看到的是明显不同的，在他的笔下，寺院里有两个戒坛、方池、七重塔、大佛殿、第二大佛殿、三重阁，这三座主要建筑之前还都有

隋唐时代的城市、寺院与建筑

东西对峙的附属楼台。像长安城里的青龙寺（图3），虽然没有完全按照这个细节去修建，但是有许多类似的特征，比如殿前有塔，主要的建筑有前佛殿、七重塔、佛说法大殿、三重楼、三重阁等。这座寺院是很大的，我们只发掘了其中很小一部分。大殿前有塔的这个格局，是唐代常见的早期寺院的形式，现在我们常见的明清时期的寺庙不是这样的，反而在日本、韩国还有一些寺庙保留有这个特征。

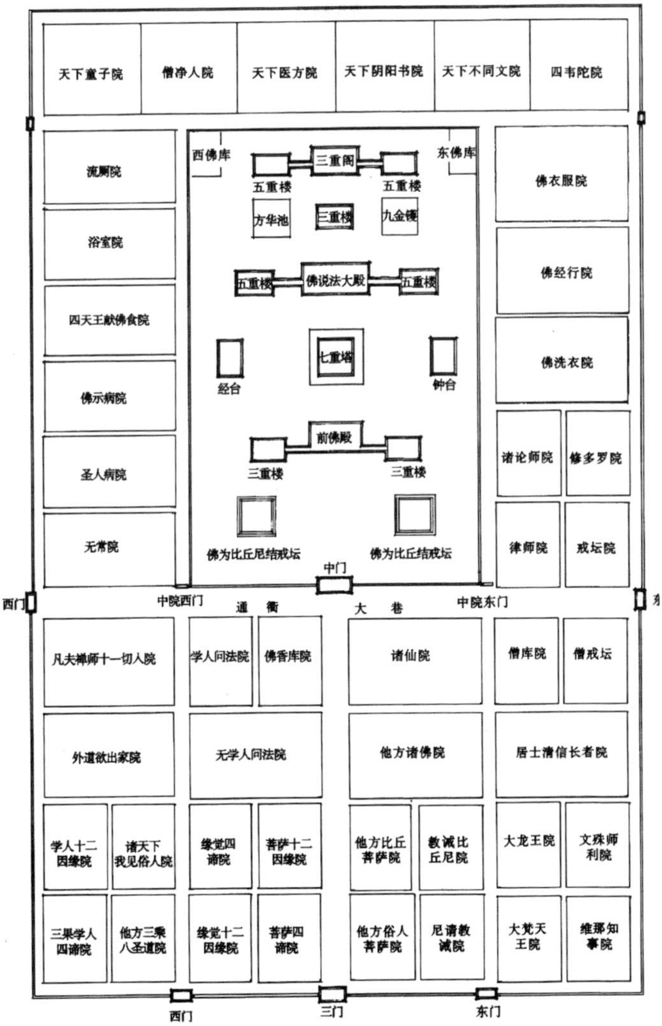

图3 青龙寺平面示意（钟晓青研究员复原图）

从图 3 还可以看出来，当时寺庙里的楼阁非常之多，不像明清寺院，除了鼓楼以外几乎就只剩下藏经阁了，规模很小。再举一个寺院用地的例子，大家可能觉得雍和宫已经是座很大的庙了，它有 18 亩，唐代的寺庙动辄就是 500 亩，而其中也很常见高 70 多米的塔。

据此，我们大概可以了解到唐代寺院规模大、庭院多等特点。例如大慈恩寺（大雁塔就是当时大慈恩寺的一部分），《酉阳杂俎》中记载长安的大慈恩寺"凡十余院，总一千八百九十七间，敕度三百僧"，由 1 897 间房屋，组成 10 余座院落，如果将其想象成一些尺度较平均的院落，则每个院落大约有不少于 150 间房屋。再比如宋人所写的《游城南记》中有如下的记载：

> 章敬寺，《长安志》曰：在通化门外，本鱼朝恩庄也，后为章敬皇后立寺，故以为名。殿宇总四千一百三十间，分四十八院，以曲江亭馆、华清宫观风楼，百司行解，及将相没官宅舍给其用。

以 4 130 间房屋，分为 48 座院落，每一院落平均有房屋近 100 间。若分出主次院落，则寺院中的核心院落，也应有数百间房屋。大家应该都知道紫禁城有 7 000 多间房，而唐代的这座寺庙居然就有 4 000 多间，几乎接近其三分之二。

还有成都的大圣慈寺，也是唐代所建，宋人文献中也记载说：

> 举天下之言唐画者，莫如成都之多，就成都较之，莫如大圣慈寺之盛。……总九十六院，按阁、殿、塔、厅、堂、房、廊，无虑八千五百二十四间。

这座有 8 524 间之多房屋的寺院，分为 96 座院落，那么每个院落就有 90 多间的房屋，如果有大小院落，那么其中大的院落就应当有百余间房屋。

上面这些超大寺院的规模和形制，无疑是受到了道宣所撰的《中天竺舍卫国祇洹寺图经》和《关中创立戒坛图经》两篇文献的

隋唐时代的城市、寺院与建筑

影响。这两部图经是在唐以前资料基础上,结合唐代宫殿与寺院现状,对天竺舍卫国祇洹寺的一种追述,亦是对理想佛寺的一种描述,更是对唐代佛教寺院建筑的一个总结。当时寺庙里有些东西也非常有意思,比如当时僧人的厕所,尤其是高僧的厕所,就像冲水厕所一样,上面是厕所,厕所下面就有水冲走污物。在古代没有什么很好的处理污物的方式,用水冲走是比较合理的措施。这种想法我们在七八世纪就提出来了,而西方一直到16世纪才由达芬奇提出类似的想法,所以我们在建筑史上有一些观念应该并不落后于西方。

唐代寺院还有一个特点,就是往往东西长,南北窄。这是因为长安寺院多布置在里坊之中,长安里坊内部的划分多为"东西长,南北狭"横长形状。若寺用半坊之地,如占半坊之地的慈恩寺,恰是一个东西长、南北狭的用地。同样的情况,按四分之一坊用地,如道宣所在的西明寺,依然以东西长、南北狭为特点。

如道宣在《中天竺舍卫国祇洹寺图经》中描述的,在这样一个横长型用地上,布置有120座院落,其中要有水渠、永巷、门桥,以及各式各样不同规模与方位的庭院。这其实是一座可以与帝王宫殿相比拟的大型建筑群。这不仅仅是个例,《酉阳杂俎》提到的唐代长安寺院往往都有十分繁多的院落名目,如:靖善坊大兴善寺有行香院、东廊之南素和尚院;常乐坊赵景公寺有三阶院、华严院、约公院等;崇仁坊资圣寺有净土院、团塔院、观音院等。这样的例子数不胜数。据宋人所描述,唐代泉州的开元寺也有120座院落的规模,这很可能也是模仿道宣的图经的理想寺院而建造的。

因此,我们不能用现代常见的佛寺去想象唐代的佛寺,因为它们的规模实在是太大了。那个时候信徒众多,对佛寺也大力支持。例如,史料中提到,有个老太太特别信佛,就把自己舍身到寺里,然后叫子孙拿钱把她赎出来,这样的例子很多,所以寺院里钱就很多,三阶教专门有个无尽藏院。意思就是大家捐的钱都放在这里,全国各地的寺院有所破损,就可以来这里取钱拿去修,修好了以后有盈余就还回来,没有的话就写个报告。这也是当时大规模寺院极多的一个原因。

隋唐时期长安城里寺塔林立,且寺院规模极大。如大兴善寺独占一坊之地,大总持寺与大庄严寺各占了四分之三坊,大慈恩寺、大安国寺各占半个坊的地方,而西明寺占四分之一坊,也就是200多亩。

不仅是寺庙占地规模大,殿堂的建筑尺度也很大,比如大兴善寺的大殿有5 000多平方米。唐代的时候密宗很兴盛,所以文殊殿是佛寺中常见的一个建筑。当时有一位高僧不空主张全国的寺院里都应该有文殊院供奉文殊菩萨,他也亲自主持修建了大兴善寺里的文殊殿,图4就是我们清华大学的博士研究生复原的文殊殿结构图。不空法师还在五台山上建了一座金阁寺,里面的主要建筑都是金顶。

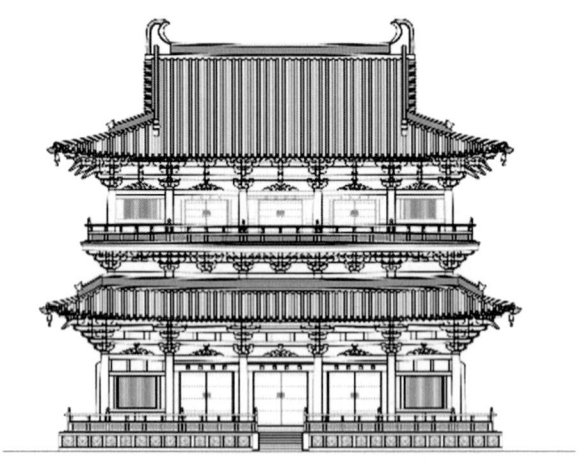

图4 文殊殿结构图(李若水复原图)

前面提到过唐代长安西南郊的大总持寺,这座寺的遗址在"文革"期间被毁掉了,但是文献中详细记载了其长宽等数据,根据这些记载是能够把它复原出来的。唐代的塔基本是方形的(图5),也可以说方形的塔大部分是唐代的建筑,只有很少是后代重建。大家印象里常见的塔是八角形,那基本就都是宋代以后的建筑了。

隋唐时代的城市、寺院与建筑

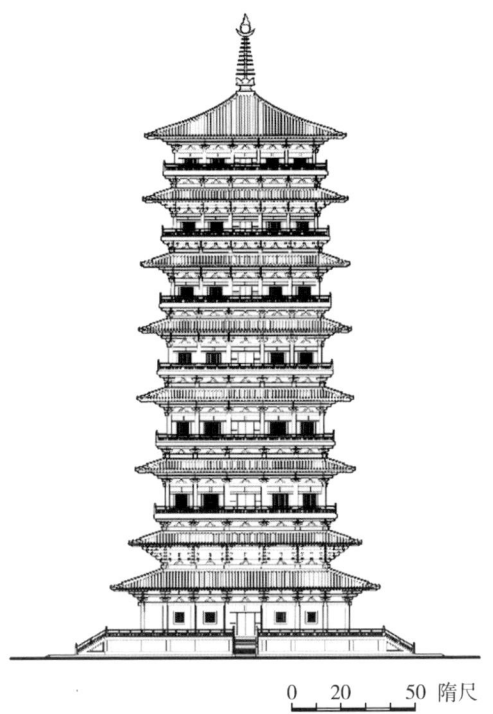

图 5　唐代佛塔示意（作者复原图）

接下来我们来看一些尚存的唐代木结构建筑的实例。其他类型的建筑现存是比较多的，比如有不少的石桥、城门洞，还有许多陵墓。其中不少陵墓到现在还没有打开，因为以现在的技术，打开古墓以后很难去长期保护好里面的文物。但是现存的木结构建筑相对就比较少了，其中唐代的木结构建筑非常确定的只有 4 座。这 4 座建筑的发现和认定也是件很不得了的事，是我们很多代学者反复研究考察的结果。此外还有 2 座，其中一座保存了精美的唐塑，另一座从型制上看应该也是唐代的遗构。

80 多年前，在梁思成先生没有做相关研究的时候，西方人对于中国的建筑史是不认可的。他们认为中国的建筑史就是一堆好玩儿的东西，但是其中没有历史。他们在一本建筑史书上画了一棵建筑之树，按照这棵树所展示的规则，他们所认定的一条主线就是埃及建筑、希腊建筑、罗马建筑、文艺复兴建筑和现代建筑，中国古建筑就在其中一个小的枝上,叫"非历史的",这说明当时西方人对中国古建筑非常不了解。日本人最早研究中国建筑,但是其实他们也没有搞清楚。他们认为中国最古老的建筑顶多到11世纪,再往前就没有了。所以当时就有法国人提出质疑,请他们对敦煌10世纪的木构窟檐建筑给出解释。

所以说梁思成之所以伟大,很重要的一个原因就是他建构了中国建筑史。他当时在北京,完全可以很方便地去考察故宫、颐和园,但是他去的是最偏远的地方,先去蓟县,然后到河北、山西的深山里,最后发现了五台山的佛光寺。

在现存的唐代木构建筑中,建成年代最早的就是山西五台南禅寺大殿(图6)。它建于公元782年,离现在已经过去1200多年了。木结构建筑能够保存这么久,本身就是一个奇迹,而且它还具备鲜明的唐代雄大的风格,有比较平缓的屋顶,比较宏大的屋檐,看上去非常雄健。

图6　山西五台南禅寺大殿

图7是第二座——山西芮城五龙观(广仁王庙)大殿,年代略晚于五台南禅寺大殿,又略早于五台佛光寺大殿。它等级比较低,看上去很简单,檐口也比较小,整个造型有典型的早期建筑特征。保存得不算太好,但是我们还是不要轻易去改变它。

图 7　山西芮城五龙观（广仁王庙）大殿

图 8 是最重要的现存唐代建筑——山西五台佛光寺大殿。梁思成在七七事变之前去考察的就是这一座，他是冲着敦煌壁画中的五台山大佛光寺图的线索去的，图中有一座高大的弥勒阁，证明它是唐代建筑以后他非常兴奋。当时他到五台山佛光寺后发现弥勒阁没有了，但是寺内的大殿还在，从碑刻里知道它是唐代的建筑，修建于 857 年，离现在也快 1200 年了。这座建筑是在唐武宗灭佛之后重建的，如果没有唐武宗灭佛的话，应该还会有更多的唐代佛寺建筑保留下来。图 8 是它的一个平面形象，在气势上非常雄大，具有硕大的斗栱，斗栱高度就有 2.4 米，其檐口下柱头上站一个人都没问题，从中可以看出来其气势之大。

图 8　山西五台佛光寺大殿示意

（引自：刘敦桢. 中国古代建筑史. 北京：中国建筑工业出版社，1984）

图9是山西晋城的青莲寺。这座寺院最重要的就是造像，里面的造像水准极高。我第一次去的时候仔细看了很久，雕像栩栩如生，它的那种神秘、高雅、端庄都十分让人感动。后来因为担心被盗，当地用钢化玻璃包起来了，所以现在不太容易看清楚雕像的细节。青莲寺的佛像是唐代的，但建筑已经是后人重建的了，好在重建的青莲寺还保留了一点唐代的韵味。

图9　晋城青莲寺

上面四座唐代木构佛殿都是在山西，图10所示为地处河北的唐代最早的楼阁——正定开元寺钟楼。这座钟楼，至少在形式上应该是唐代留下来的楼阁，洒脱、飘逸、大气、质朴。

图10　正定开元寺钟楼

隋唐时代的城市、寺院与建筑

接下来，我们再看看现存的隋唐佛塔，相对来讲留存下来的佛塔是比较多一些的。其中最早的一座是隋大业七年（611）修建的山东历城神通寺四门塔（图11），它应该是有密宗的传承内容的，塔中有五方佛，四面各有一座佛像，塔高15米，是一座很简朴的石质建筑。

图11　山东历城神通寺四门塔

图12是大雁塔，大雁塔在明代重新修复过，所以很多建筑史书上大多不把它列入唐代建筑里，但其实它的基本内核还是唐代的。它具备鲜明的唐代建筑特征，比如有节奏的韵律感，这是唐代人特别喜欢的。

图12　大雁塔

图13是西安兴教寺玄奘塔,一座实实在在的唐塔。曾有人要求拆除塔周围的一些建筑,引发了一些争议。从申遗的角度去讲,需要保持它原来的样子。这是一座非常标准的唐塔,非常素朴、简练,很有节律感。

图13　兴教寺玄奘塔

图14是西安的小雁塔,属于密檐塔,原先是15层,后来因为地震把最上面两层毁掉了,变成了13层,古人也没办法去修。西安还有一座香积寺塔,属于楼阁式塔。

图14　小雁塔

图 15 是云南大理的千寻塔,也属于唐塔,但是当时大理并不在唐代的管辖范围内,属于南诏国。大家可以看到千寻塔后面的两座塔就不太一样了,这两座塔是宋代才修建的。千寻塔的曲线有点印度的味道,但是从方形这一点来看还是具备唐代的特点的。

图 15　崇圣寺千寻塔

在河南安阳的郊区也有一座比较大的唐塔叫修定寺塔(图 16)。这座塔的断代是有争议的,有人认为是北齐,但是学界更多人认为是唐代的遗存,因为它的雕刻具备唐代的特征。以前它的前后都有殿堂,现在殿堂移到别处了,只有塔保存得比较好,细看的话,其雕刻是非常丰富的,可以让人感到古代建筑雕刻的完美。其中的部分雕刻,是后世修复的。

图 16　修定寺塔

图 17 是在河南嵩山的净藏禅师塔，应该说是我们目前所知最早的一座八角形塔，这其实是一座墓塔，里面埋了高僧舍利。这座僧塔原先是有木檐的，但现在出于保护文物的原真性，并没有去修复。

图 17　净藏禅师塔

其他保存比较好的佛塔还有佛光寺的祖师塔、平顺海会院明惠大师塔、泰山灵岩寺慧崇塔等等，总的来讲塔的造型在中国传统建筑里是最丰富最多样的。

建筑艺术风格的变化

最后我们简单地看一下建筑艺术风格的变化。西方建筑有艺术风格的演变，中国建筑也不例外。西方建筑艺术风格有希腊、罗马、中世纪、文艺复兴、古典主义等，风格变化是很清晰的，中国则有自己的情况。从时间上看，各个朝代的建筑艺术和一般造型艺术都有各自的特征；从空间上看，中国国土辽阔，地域差别很大，所以各地的建筑艺术风格自古也是有所不同的。比如唐代有人说："江左人文，代北人武，关中人雄，山东人质。""江左"指的就是现在的江浙一带，这个地方比较文雅，南北朝时期江左人要熏衣剃面，文章中也非常重视语句的字词雕琢，非常文雅。"代北"是山西雁门关以北的少数民族。关中人就是陕西一带，风格雄大。"山东"不是指现在的山东省，大概包括现在河北、河南、山东这一片，风格比较质朴。

隋唐两代的统治者，我们称为"关陇集团"，都是北方少数民族和汉族混血，具备上面所说的关中人的特征，建筑的尺度、气势都很大，艺术风格很强调简朴雄大。辽代统治者是契丹人，接受了唐代的风格，但是具有自己的特点，加入了山东的质朴感，所以建筑物感觉就没有那么雄大了。

相比较而言，宋代的建筑就显得非常柔美。宋代的经济文化都极为发达，几乎到了我们不可想象的地步。有人说宋代是 GDP 最早到达万亿规模的时候；宋代也是历史上最开明的时代，几百年间没有杀过文人士大夫；宋代皇帝也有很多趣闻轶事。宋代建筑充满了文人气质，非常华丽、柔美、繁荣，宋代绘画中表达的那些建筑就可以让我们想象那个时代的国力。宋代的外部环境是不太好的，北边先后有辽、金，西北有西夏，南边、西边也都有其他的少数民族政权，尽管其周边状况不太安稳，但是宋人是比较安于现状的。

元代统治者是蒙古人，有些豪放气质，建筑上也不拘一格，但是有些细节上比较烦琐。檐口比较小，斗栱很多，曲线却很飘逸、随意。它没有唐代的大气和宋代的柔美，但是非常潇洒。

明代建筑很规整、很严谨，但是有点拘谨，檐口很小、线条很直，做得很规矩，典型的代表就是明代开封相国寺大殿。清代建筑跟明代一样，很端庄、很高雅，但很拘泥，不那么大气，在细节上有一点烦琐，斗栱太多、太碎。

我们还可以从其他建筑及与建筑有关的艺术中看出这种时代风格的差别，比如佛塔建筑、木构建筑的室内装饰以及建筑物前的雕刻。

隋唐时代的佛塔是比较质朴的。宋代的塔曲线很柔美，像是苏州漂亮又柔弱的女子。清代的塔就显得规整细致，因为制度严格、技术更好了，所以砖变多了、斗栱少了、檐口也变小了，结果反而在艺术上显得更拘谨了一些。

室内装饰也是如此，唐代的室内斗栱和天花看上去都是简单豪放的；宋代的虽然有些烦琐，但是还比较漂亮；到金代就已经趋于烦琐变异，连墓地里的斗栱都做得相当复杂；清代就更加细致了，一个小地主的墓地都会有非常精细的雕刻，但太习惯精雕细刻却有些失于豪放。

雕塑也有类似的发展特征。南北朝的雕塑就展露出一种自信，图 18 这座雕塑还有翅膀，其实这不是传统中国雕塑的样子，应该是受到了外来文化的影响。中国古人想象中的神仙、神兽，都不需要翅膀的，不像西方的天使一定要有一对翅膀。南北朝的这座雕像体现了我们对于外来文化不排斥，简单的线条也很容易就表现出来一种雄视天下的气质。

唐代也是这样的，像乾陵前面的那些雕塑，没有烦琐、多余的线条，细节的雕刻也很少，有的是一种简练、雄大的感觉，体现出一种雄视天下的自信。雕塑同样也是到宋代开始趋于烦琐的，到明清时期就更加烦琐细密了，像是富人家中摆设的玩物，没有唐人那种豪放大气的感觉了。

图 18　唐代石像生

通州历史·漕运·运河文化

陈喜波[*]

---

[*] 陈喜波，北京联合大学应用文理学院教师，2006年毕业于北京大学，获博士学位，现为北京大学研究所教授。陈喜波十余年来一直专注于运河文化方面的研究，对北京地区的运河、漕运和通州的研究较为深入。在科研方面，主持国家自然科学基金项目1项，省部级项目1项，北京市地名文化遗产项目1项，发表相关论文20余篇，出版专著1部。

今天讲座的题目是通州的历史、漕运和运河文化。这个题目是层层收缩的，实际上也是意图点出通州最精华的文化本质。通州历史很长，现在一般认为通州建设始于汉代，但根据最近的考古研究，我认为秦代的时候通州就已经是一座县城了。通州的建城史很长，但是对通州影响最大的是从金代开始的漕运。漕运经过七八百年的积累，积淀出运河文化，所以现在大家一提通州就会想到运河文化，运河文化是通州的招牌。

北京近两年提出来一个重要的文化发展战略，也就是三条文化带的建设：西山永定河文化带、长城文化带和大运河文化带，这三条文化带当中又以大运河文化带为重点建设区。因为西山永定河、长城那两条文化带相对来讲比较成型，而大运河文化带区域经济发展比较快，现在面临如何深入挖掘、保护和传承运河文化的迫切问题。我认为"大运河文化带"是一个非常好的提法，北京一定要成为运河名城，因为它是京杭大运河北端最重要的枢纽，也是漕运的终点，所以我们理应把这个文化品牌宣扬出去，把运河文化推出去，推向全国、推向世界。

图1是北京大运河文化带的示意图。实际上运河不仅仅是在通州，它向西可以到昌平的巩华城，向北最远到达密云城下。提到北京运河，大家想到的往往是北京城内的运河，以及北京连接通州的通惠河，但是往往忽略昌平、顺义、密云等郊区，这也是今后需要深入研究的地方。

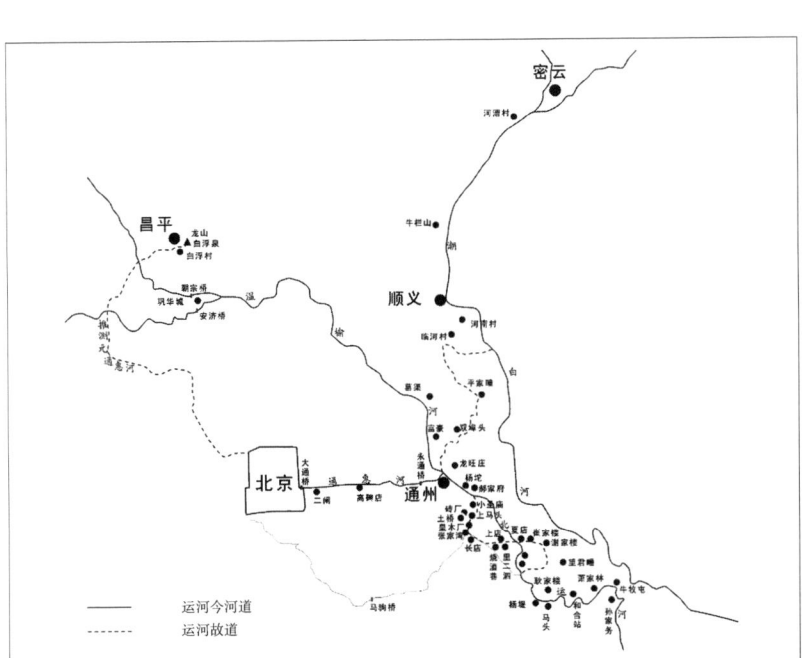

图1　北京大运河文化带示意

通州城市发展的影响因素

有人觉得,通州是一下子就从通县上升为北京城市副中心,这是一种历史的短视。从历史的角度来看,通州今天能够上升为北京的城市副中心是有其历史缘由的,是名正言顺的。我认为决定通州城市发展的因素有两个:一是北京城,因为通州是北京郊区的一座城市,它的命运始终是由北京的兴衰决定的;二则是通州本身的区位,通州的位置是别的区所不具备的,正是这个位置造就了通州的历史和今天。

从地理的角度,北京坐落于华北大平原上的一块小平原,叫北京小平原,由永定河和潮白河两条大河塑造而成。永定河在康熙三十七年(1698)之前叫浑河,再往前还叫无定河,它在北京小平原上摆动，因此才有了"无定河"这个名称。具体来讲，永定河是从北京北边开始往东南摆，一直摆到今天这个位置，经过一个扇面式的摆动，造就了永定河冲积扇。潮白河实际上是另一条"无定河"，在历史上就有民间谚语，"自由自在潮白河"，潮白河也是摆来摆去的。在民间调查的时候，有的老百姓讲，过去这条河还在村西，突然有一天晚上下雨，第二天早上河就摆动到几里地之外了。

潮白河、永定河在北京小平原上的摆动塑造了两个冲积扇，冲积扇就好像一把斜放的扇子，扇轴最高，向边缘逐渐降低。通州恰好占据了潮白河冲积扇和永定河冲积扇的交接地，而且更接近潮白河。除了这两条大河之外，通州还受另一条河流的影响，那就是夹在两个冲积扇之间的温榆河。温榆河由于受到这两个冲积扇的夹逼，所以摆动幅度不大。现在看《水经注》，昌平那一带的温榆河河道变动也很小。总之，通州主要受三条河流影响，一条固定的河，也就是温榆河，另外两条摆动的河，也就是潮白河和永定河。

那么，为什么古人会选择将运河挖在通州这一带呢？因为永定河水势太大，在古代人力很难控制，也就很难利用它来漕运。大家今天去大兴可以看到永定河很宽阔，有的甚至宽达几里，所以想从天津沿着这条河把船拉上来是很困难的。另外永定河还经常决口。相对来说，潮白河的水量要比永定河小，也就比较容易控制，所以它适合开展漕运，而通州更加接近潮白河，这造就了通州作为运河城市发展的一个自然地理基础。

另外一个因素是北京城的发展对通州的影响。北京之所以能够成为都城，有一个重要的因素就是北京处于中国的三大地理单元——东北地区、内蒙古高原、中原地区的交汇和枢纽地带，在北京定都，可以控制这三个地方。当然，定都北京还与少数民族入主中原、与各族的融合有关。

北京城经历了三个发展阶段。第一个阶段，在辽代以前，北京是中原王朝的边疆重镇。这个边疆重镇的地位也是变化的，在秦汉、北朝时期它是一般的边镇，等到隋唐以后就成为中原王朝重点的边镇，因为东北的少数民族是在隋唐以后崛起壮大的，中原王朝的防卫重心开始往东北边地转移。所以北京这个边镇也经历过从普通的边疆重镇到国家重点的边疆重镇发展的过程。辽代的时候，北京变为陪都，称为辽南京。第二个阶段，金代北京成为金中都，自此之后经历元明清三朝，北京在绝大多数时间都是王朝的都城。第三个阶段，也就是中华人民共和国成立之后，北京成为新中国的首都，这就是北京主要的发展过程。这一过程也造就了通州的三个发展阶段。

通州建制沿革与通州发展阶段

通过现存的文献记录，能够追溯到通州最早起源于西汉时期的路县，到东汉后，路字加了三点水，称为"潞县"。从汉代到北朝，潞县基本上属于幽州渔阳郡管辖。隋唐之后，北京一带的行政区划变动比较大，隋代时随着永定渠开通，隋炀帝将北京命名为涿郡，北京地位逐渐提升，但是通州暂时还没有随之变化。

到了辽代，北京变为陪都辽南京，设析津府，这个时候通州的地位已经是有了上升的苗头，因为通州还有游猎文化，生活在辽南京城的契丹人会到通州打猎。到金朝，潞县就升格为通州了，通州的漕运文化也从此进入兴盛时期；金、元、明、清四朝，通州一直是运河重镇；到民国的时候通州的地位陡然下降；但是短暂的民国之后，在新中国通州的地位还是不断上升的。

在汉朝到北朝这一阶段，通州叫潞县，属于幽州下面的渔阳郡。今天北京西南的河北省涿州市当时属于涿郡，另外幽州还有广阳郡、上谷郡等。潞县当时是北京通往东北地区大道（今古北口和山海关方向）的一个重要的县域，它主要控制这条道路，而涿州主要控制的是北京沿西南方向通往中原地区的道路。所以涿郡和渔阳郡潞县其实是分别控制了一条交通要道，这就是西汉到北朝的行政建制与交通的关系。

到了隋唐五代之后，潞县和涿州都划给了幽州，为什么划给幽州？在此之前，两地分制，但是随着隋唐之后北京地位的提升以及中原王朝与少数民族的军事征伐，需要加强对北京周边地区的控制，于是就将这几个郡县都归为幽州管辖。从这里可以看出通州自隋唐五代以来逐渐向北京靠拢的一个历史大趋势。

根据北京的三个发展阶段，通州也有三个发展阶段：一是在北京市作为边镇时，通州处于边镇属县时代；二是从金朝开始北京成为首都，通州也从一个县城变为一个州城，是畿辅重镇时代；三是城市副中心时代，这个时代从民国通州建县开始，到中华人民共和国成立之后的卫星城，到2004年通州定位为北京三个发展新城之一，再到2008年通州定位为现代化国际新城，最后到2015年定位为北京城市副中心。由此可以看到，通州从民国时期的低谷期，又逐渐进入了现代化发展的新时期。下面重点讲述前两个时代。

（一）边镇属县时代

本小节从三个方面讲述边镇时代的潞县。

第一，为什么设置路县？从图2可以看出，北京处于四条交通要道的枢纽，这四条要道分别是通往中原的太行山东麓古代大道、通往内蒙古高原的居庸关古道，以及通往东北的古北口古道和滨海古道（又叫燕山南麓大道），北京就通过这四条大道控扼中原、内蒙古高原和东北三大地区。为什么当时天津一代没有交通要道呢？在历史早期，北京东南到天津一带分布着众多沼泽，其中也设置了郡县，但是总体上属于人烟稀少的地方，到夏季每逢雨天，难以行走，交通基本断绝。也正是因为这个原因，古代的交通大道一般都是沿着山麓，借助其较高的地势以利排水。

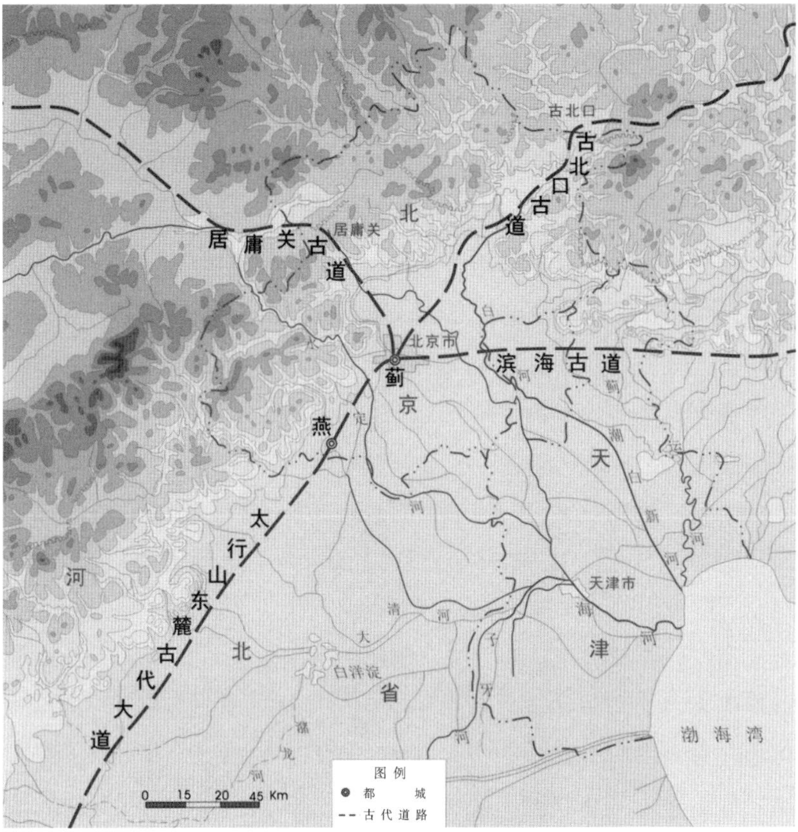

图 2　北京周边古代交通要道

路县占据着北京通往东北的燕山南麓大道的位置。秦始皇灭六国之后，以咸阳为中心修建了通往全国各地的驰道，类似于今天的高速公路。驰道的国防意义非常重要，如有战事，军队可以迅速抵达全国。秦始皇在全国各地巡游，其中的一条路线就是从蓟（北京）到碣石（秦皇岛）去观海，从蓟到碣石，一定会路过路县。

据我分析，路县并不是西汉才设置的，而是秦代就已经设置了。秦始皇修建驰道是一件国家大事，修建好了之后也需要有人看护维修，所以在这里就一定要设置郡县来起到组织百姓的作用。结合"路县"这个名称，再考虑到秦始皇修建驰道这件事，可以推断它是在秦代为了守卫这条大道所设置的。

还有一个证据可以佐证路县是秦代所设。秦汉时管辖通州一带的郡叫作渔阳郡,汉代渔阳郡辖制12个县,汉承秦制,那么可以反推秦代渔阳郡应该也有12个县,而路县就是其中之一。为什么我说从这12县就能推出来路县是秦朝设置的呢?因为秦朝有一个官方的吉祥数字——6。根据当时的阴阳五行理论,秦朝是水德,它的象征是水、文化符号是水。水对应的季节是冬天,水对应的颜色是黑色,水的代表数字就是6。所以秦国的纪年从农历十月初一开始,那是冬天开始的时候;水的颜色是黑色,所以秦国的人都穿黑色衣服;水的代表数字是6,所以秦始皇也很喜欢这个数字,在郡县的设置上,秦代有36郡,后来又增设为42郡,再往后又增设到48个郡,都是6个6个增加。落实到渔阳郡,路县就是渔阳郡所辖的12个县之一,12符合秦代以6作为文化符号的一个标准。总之,路县的设立与燕山南麓大道有很大的联系。

第二,佛教对路县的影响。佛教对中国的影响特别大,从东汉以后传入中国,一直到今天已经渗透到我们社会生活的各个方面。佛教在十六国时期就已经传入北京,什么时候传入通州的,很难说。但是也有一个线索,通州有一座甘泉寺,按照通州文献的记载,甘泉寺被称为"汉魏古刹",其建造时间远远早于燃灯塔(燃灯塔传说最早可以追溯到北齐,但其实是唐代重建的),在全北京也算一座比较早的佛教建筑。

第三,隋唐幽州崛起与通州的关系。隋炀帝为了征讨在东北崛起的高丽,开挖了以洛阳为中心,南起余杭、北到涿郡的运河,其中从洛阳到涿郡(今北京)的一段叫作永济渠。对于永济渠,目前的研究已经能够确定天津以南河段的具体路线,但是对于天津到北京这段还有争议。我在通州一带做了比较多的调查,找到了一些遗迹和线索,我认为当年的永济渠是从通州南部经过的。当然,也有专家持别的观点,有人就认为是经过大兴的。目前我们提到通州的运河文化,往往指的是北运河,如果能够证实当年的永济渠是经通州到达北京的，那么就又将通州的运河往前推了一段时间，当然这还有待后期继续深入研究。

（二）畿辅重镇时代

本小节也分为三个主题。

第一，通州崛起的序幕。通州崛起的序幕与少数民族入主中原有关。通州南部有个漷县镇，与契丹南下有很大关系。公元936年，石敬瑭把幽云十六州献给了契丹，之后契丹就将今天的北京作为它的一个陪都。因为这座陪都在契丹的南境，所以称为南京，现在一般称之为"辽南京"。大家看宋辽对峙的地图，白沟（今雄安新区）就是宋辽的边界，所以北京离宋辽边界是很近的。北宋初年，与辽在高粱河打了一仗，宋被打败，之后两国对峙了几十年。当时处于备战的需要，辽国的君主辽圣宗和他的母亲萧太后就经常住在北京。契丹人是游牧民族，有打猎的习俗，契丹皇帝也打猎，有四时捺钵制度。捺钵在少数民族语言中有类似于行宫的意思，四时捺钵就是每年的春夏秋冬皇帝会带着大臣们在四个固定的地方打猎。春捺钵要打水鸟，打水鸟就需要找水比较多的地方，而北京的南部和东部，也就是现在的通州和大兴一带水是比较多的。当时大兴受永定河的影响比较大，不太适合打猎，所以就选择在通州南部，从通州和武清各划了一部分土地建了一个新的县——漷县，有点类似于清代的河北围场，属于皇家的游猎场，所以说通州的地位有了上升的苗头，也就是崛起的序章。漷县在元代叫漷州，明代的时候降为县，到清代降为镇，也就是现在的漷县镇了。

金朝以北京为金中都，但是打猎主要在大兴，也就是今天的南海子一带。元代以北京为元大都，蒙古人打猎又回到了通州，忽必烈还在漷县这里修建了一座行宫叫柳林行宫。通州今天有个牛堡屯，有人解释说是牛圈，我认为牛堡应该是捺钵的意思，是汉族百姓的音译，所以牛堡屯就是捺钵屯。总之，在辽代和元代，通州就已经成为皇帝的游猎地，尤其是辽代，通州已经出现了崛起的苗头，拉开了发展的大幕。

第二，金代潞水漕运和通州的设置。

到了金朝，海陵王迁都燕京，金朝与南宋的界线则向南推到了淮河。金朝一开始的都城在上京，也就是现在哈尔滨的阿城区。从金朝的管辖范围来讲，东北地广人稀，而中原则人口稠密，所以在上京管控全国是有些困难的，这是海陵王迁都的客观原因。当然，海陵王是弑兄篡位，在上京城多少有些心里不踏实，这是迁都的主观因素。于是海陵王在1151年下了一道决定迁都的诏书：

> 京师（上京）粤在一隅，而方疆万里。以北则民清而事简；以南则地远而事繁。深虑州府深陈，或至半年而往复；间阎疾苦，何由期月而周知。贡馈困于转输，使命苦于驿顿。

上京偏于一隅，而且北部边境没什么事儿，南边又远、事情又多，各个府州县的公文递送费时费力，一走就是大半年，消息往来极为不便，连驿卒传递公文也都累得不得了。金人分析北京的位置则说"燕都地处雄要，北倚山险，南压区夏，若坐堂隍，俯视庭宇，本地所生，人马勇劲，亡辽虽小，止以得燕故能控制南北，坐致宋币。"这里对北京的论述非常精辟，直到今天，北京还是最适宜做首都的地方。而且北京又在金朝疆域的几何中心，正适应金朝疆域向南的拓展，所以从客观上来讲，迁都北京也是非常合理的。

1153年金人正式迁都之后，燕京改名叫中都，因为它处于整个金朝疆域的中部。在1151年下诏书这一年，燕京还没有正式成为都城，但是当年就已经先把潞县升为通州。为什么要先把潞县升为通州呢？在决定迁都的时候，海陵王也同时决定了要扩建燕京城，唐代一直到辽代的燕京城是比较小的，要经过扩建才能配得上首都的地位。14号线有一个景风门地铁站，暂时还没有开通，这是金中都的一个城门，也是北京古都文化向金代延伸的一个见证。既然要扩建燕京城，就需要运输物资，从中原开封等地经过卫河运到天津，再从天津沿着北运河运到北京，为了配合运输上的需要，就把潞县升为通州。

通州，其意思就是"漕运通济"，再翻译一下就是要利用运河来运输各种货物。运河的正名叫运粮河，但是除运粮之外也运别的东西。在金朝的时候是春秋两运，到了元朝就是从春天到秋天连贯运输，可以看出金代在漕运早期对河流的控制能力还不强，所以夏天雨量大的时候就得停运。等到秋天，汛期过去再接着运，因此称为"春秋两运"。当时运输的粮食主要来自河北地区和山东部分地区，从山东、河北到天津有运河，从天津就可以沿着潮白河逆流而上到通州，但是从通州到北京这一段是没有自然河流的，这一段的陆运非常困难、成本非常高。举个明代的例子，明代有人在史书上记载，从浙江运到通州是3 700里，从通州张家湾运到北京是60里，而这后半段60里的陆路运输成本与前半段3 700里的水路运输成本相差无几。另外，从张家湾运粮食到北京城，牛、驴、人、车都受不了，牛、驴累死无数，这也反映了陆运的成本之高。

所以，物资运到通州之后如何运到北京，这是一件国家大事。金人于是从1171年开始开凿了金口河。金口河是从今天的石景山引永定河水，向东延伸到通州，中途还利用了金中都的护城河道。但是因为夏季永定河水势太大、地势又高，很容易发大水，甚至有可能冲毁城池，所以不久之后就堵住了金口河的河口，金口河也就废弃了。53年之后的1204年，到了金朝末期，陆运成本高的问题还是存在，仍然需要寻找水源开凿运河，于是金人开始利用西北紫竹院一带的泉水和瓮山泊（昆明湖）的湖水。他们将这些水源引入白莲潭（积水潭），再从白莲潭引到金中都的北城护城河，开凿了闸河连接到通州，闸河就是今天通惠河的前身。十几年之后，随着金朝的灭亡，闸河也就废弃了。

第三，元明清时期通州和漕运的关系。元代时，当时有个人叫巴图鲁，向忽必烈提议定都北京，他说"幽燕之地，龙盘虎踞，形势雄伟，南控江淮，北连朔漠，且天子必居中以受四方朝觐。大王果欲经营天下，驻跸之所，非燕不可"。忽必烈同意了他的观点，于是定都北京，北京也就成为统一王朝的都城，当时叫大都，从中都到大都，也意味着国家的疆域在扩大。根据相关研究，大都的人口将近百万，甚至有可能超过一百万人。这在当时是不可想象的。

由于北京本地的物产有限，元代也需要从南方运粮食，其中从江浙行省征收的粮食就占到全国征收总数的三分之一以上。"省"在古代本来是中央机构，例如中书省、门下省，日本至今还有"文部省"，元代第一次把"省"这个中央机构的名称"外派"到基层，所以叫行省，之后又逐渐简化为省，这也是我国省级行政区的由来。为了运粮，郭守敬主持改造了隋唐大运河。隋唐大运河是以洛阳为中心的，因而南北两段都要连接到洛阳，到元代则不需要经过洛阳，在山东开挖了新的更直、更短的新河道。由于山东半岛的这段河道也缺少水源，整个运河经常不太通畅，所以元代其实更倚重海运。无论是通过运河还是大海，货船都会到达天津，然后沿着北运河运抵通州。

所以，元代面临着和金代一样的困难，也就是通州到北京城这一段的运输难题。陆运成本过高，依旧需要开挖运河，其首要问题依然是找到合适的水源。至元十六年（1279），元人先利用了坝河，坝河原名阜通河，由于大都这边地势较高，只能在河中修坝层层拦水才能保持水位，因此称为坝河。坝河至今仍然存在，今天地铁13号线有一站叫光熙门，就是当时坝河漕运的终点，南方来的粮食经过光熙门的千斯坝之后就进入元大都城，所以这也是一个文化印记。

另外，通州域内温榆河的下游又叫富河，为什么叫富河呢？我认为与阜通河有关。温榆河和阜通河本来就很近，在河流改道过程中，温榆河占据了阜通河的河道，所以温榆河下游又叫富河，富河应当是阜通河的简称，正如温榆河的简称是榆河，潮白河的简称是白河，这些都是民间对河流名称趋简的称呼。通州现在也有一个重要的文化，叫作富河文化。

坝河是一条比较小的河流，运输量远远不够。于是1292年，郭守敬主持在金朝闸河的基础上利用其河道开凿了通惠河。通惠河是忽必烈命名的，元代皇帝夏天要去上都避暑，秋天回到元大都，忽必烈回来时正逢通惠河投入使用，就将这条运河命名为通惠河。

通惠河和坝河是两条平行的河流，共同担负着向元大都输送粮草的任务。在元朝末年，由于这两条运河运输量不够，仍然需要陆运，所以元人决定再开凿一条运河，还是像金人一样，利用金口河引永定河水，然后开凿了金口新河，这就是萧太后运粮河的前身。如今的环球主题公园度假区就在萧太后运粮河附近。但是，在这些运河开凿之后，刚把金口新河放开，大都城就差点被淹了，这之后金口新河也就废弃了。事实再次证明了永定河由于流量大、流速快，是不能用作运河水源的。

由于当时白河、温榆河、通惠河、浑河四条河流在张家湾附近四水相汇，所以张家湾以下的一段河道还有个别名——泗水，今天有个与之相关的地名叫里二泗。通州的地名志上是这样解释这个地名的，当地有个人叫李二，因为他老做好事，去世了以后当地百姓就盖了一座庙叫李二寺。我以为这个说法是欠妥的。联系到这四条河流的水系状况，应该是当时四条河流分成两股，这个地方在两股河流之间才叫里二泗。

明朝的时候朱元璋定都南京，他的儿子永乐皇帝朱棣迁都，从南京迁到了北京，朱棣迁都的主观因素和金代海陵王完颜亮是一样的，他一开始只是燕王，在北京这边做王爷，然后从自己侄子朱允炆手中抢走了江山，所以在南京待着心里也不踏实，于是就迁都到北京。从客观因素来讲，定都北京叫"天子守国门"，直面北边的边防压力。

既然定都北京，当然也要依赖运河从南方运来粮食，明代主要的粮食来源是浙江、南直隶、湖广、江西、山东和河南六个行省（布政使司）。与元代相比，明代成功解决了大运河山东段水源不足的问题，元代虽然开凿了京杭大运河，但是始终没能解决山东段的缺水问题，因而实际上更依赖海运。明代的工部尚书当时听从了一位民间老百姓白英的建议，引汶河水到运河后，"七分朝天子，三分下江南"，从而使山东段的运河有了比较充足的水源。除此之外，山东段还利用了沿线很多的泉水，有本书叫《泉河》，就是专门介绍在山东是如何利用泉水来为运河服务的。当时在山东所有的泉水都有专人管理，即便是春耕的时候，泉水都禁止老百姓使用，首要的功能就是保障运河。

自此以后，大运河才真正发挥了作用。明政府随后罢海运和陆挽，专事漕河。明代前期，漕粮数额不固定，洪武朝每年运送漕粮月数十万石，永乐时期增加为200万～300万石，宣德朝达到最高额674万石，正统、景泰、天顺三朝每年漕额在400万～450万石之间。明成化八年（1472）漕粮数额固定为每年400万石。

大运河只能将粮食运到通州，从通州到北京城的这一段如何运输仍然是个难题。通惠河在元末的时候就废弃了，直到一百多年后的1528年才重新开通，这一百年间主要依靠陆运，其实成化、正德年间都曾经尝试恢复过通惠河的运输，但都失败了，这是因为重开通惠河受到了利益集团的阻挠。前面讲到从张家湾运到北京的成本与从杭州运到张家湾的成本是接近的，所以当时在张家湾就有专门的运输队伍来做这个转运生意赚钱，一旦重开水路，他们的财路就断了。于是在成化、正德年间，通惠河将要竣工的时候，甚至是已经竣工刚开始漕运，北京城一带就开始闹鬼，周边的小孩儿半夜就被鬼抓伤，皇帝得知以后也就叫停了通州到北京的漕运。

1528年，嘉靖皇帝治下重开了通惠河。嘉靖皇帝一开始只是被分封到湖北的一个王爷,是正德皇帝的堂弟。正德皇帝没有子嗣,他龙驭宾天以后京城里没有合适的人来接班,于是就把在湖北的嘉靖找来继承大统。既然是外藩入继,嘉靖皇帝就面临着身份转换的问题,他一定要证明自己是有能力的,所以在前期相当励精图治。嘉靖七年(1528),有御史提议说开通通惠河,经过论证之后通惠河就疏通投入使用了,之后一直延续到清末。

明代的通惠河基本沿用了元代的河道,在通州城修了两个坝,一座石坝、一座土坝。通惠河贯通后通州一带的北运河水量随之变大,漕船可以从张家湾逆流而上,在土坝这里进入通州东门,继而到通州的中仓、西仓分头储存,另外一条运输路线通过石坝进入北京。所以说石坝是京粮转运码头,土坝是通粮转运码头。

清代漕运制度沿袭明代,每年从山东、河南、江苏、浙江、安徽、江西、湖南、湖北八省运送漕粮400万石至北京,这种漕运制度一直延续到道光朝。道光之后,随着国势日衰、漕政腐败以及漕河失修,漕粮抵京数额逐渐减少,由400多万石减至300多万石乃至200多万石。道光朝实行海运,咸丰、同治时期,海运规模日渐扩大。

漕运对通州城市建设的影响

(一)仓储与通州城市建设

通过运河运来的粮食先到通州,然后转运到北京,如果一下子转运不及,就需要先存下来,于是在通州和北京城都建设了粮仓。当时在通州修建了西仓、中仓、东仓、南仓,后来东仓和南仓逐渐废弃,在北京城里也有禄米仓、南新仓、北新仓,这几个仓至今保存得都还不错。在通惠河修通之前,通州仓存粮多,北京仓存粮少;通惠河修通之后,北京仓存粮变多,通州仓存粮变少。

仓储对于通州城市建设的影响特别大。明代永乐七年(1409)建了大运西仓、大运中仓和大运东仓,正统十四年(1449)蒙古入侵，为了防止西仓被蒙古军占领，所以在西仓外修了通州新城（明朝的时候已经有了通州旧城和新城的说法），现在通州还有个小区叫通州新城东里、新城西里，那就是古城里的新城。正统年间又修了大运南仓，通州现在有一所比较有名的小学，叫后南仓小学。再往后，东仓和南仓先后废弃，到乾隆三十年（1765），拆除了西仓和中仓中间的一段城墙，就是现在通州火车站后边的小吃街，这就是仓储对于通州城建设的影响。

（二）通州与北京城的建设

有一句俗语，叫"大运河漂来的北京城"；在通州张家湾也流传一句俗语，叫"先有张家湾，后有北京城"。这些俗语是怎么来的呢？因为兴建北京城，除了石料之外，其他的各种物料绝大部分都是通过运河从南方运来的，这些建筑物资都要先运到张家湾，卸下来之后再转运到北京，所以才有了上述的说法。

从北京城市格局的变迁来看，明初时期只有内城，到嘉靖时期才修了外城，嘉靖、万历都还重新修葺了宫殿，除此之外还有清代修建西郊园林等工程。所以说明清两代几乎是源源不断地通过运河向北京城输送建筑物资，以下简单讲一下木材、砖料和石料。

明清北京城用到的木材主要包括楠木、樟木、松木、柏木、花梨木、檀木、竹子等。根据史料记载和现存明代宫殿实物，明代宫殿建造的木材基本上纯用楠木，间或使用杉木，此外松、柏、樟木等木材也作为建筑基础材料和辅助材料。这些木材大多产自南方，像楠木、杉木的主要产地就是云贵川的深山老林。砍伐这些木材的人力成本是很高的，在四川民间当时流传一句话，叫"入山一千，出山五百"，也就是说进山砍伐林木的工人有一半就回不来了。一开始就在河边砍伐，是比较容易运输的，但是河边的砍没了就需要去深山中，要翻山越岭把木头运到河边，这是相当困难的。今天去故宫、去长陵的祾恩殿看那些柱子，其实都饱含着古代劳动人民的无数智慧与血汗。另外，木头从深山老林里拉出来之后，顺着长江运进运河，也要借助拉纤等方式。再往后，云贵川地区的楠木几乎砍伐殆尽，到清朝初期就从海南岛运楠木，运输就更加困难了，需要从海南岛跨海运到珠江口，再沿珠江逆流而上，走桂江、走灵渠、走湘江、进长江，再走运河到北京，这一路更加遥远、运输过程更加辛苦。

张家湾原先有个皇木厂，木材主要存储在那里。后来嘉靖七年（1528）通惠河重开之后，通州城的运河水量提高，一部分木头就可以直接运到通州，所以通州北边也建了一个皇木厂。我认为张家湾这个皇木厂是运往北京的，通州城北边这个皇木厂应该是运往十三陵的，因为运往十三陵的木材要走温榆河。北京城里也有神木厂、大木厂，都是存储木材的地方。

明初建设北京，明政府在山东、河南、南直隶（今江苏、安徽一带）沿运河、长江一带的州县烧砖以供应北京城建设，其中苏州以烧制铺地金砖为主，山东、河南主要烧制城砖。明嘉靖年间，建设北京外罗城以及宫殿、陵寝等工程又曾在鲁豫和苏皖一带大规模烧造砖料。清代，北京营建工程相对来说较少，砖料烧造主要依靠山东临清和江苏苏州地区供应，临清供应城砖，苏州供应金砖。其实北京本地也烧过砖，比如张家湾的砖厂、通州的砖厂，但是由于土质不适宜，烧出的砖品质欠佳，因此还是需要依赖运河运输。

明清时期，北京营建所需石料主要来自北京附近的房山、顺义、怀柔、昌平。例如汉白玉石产自房山大石窝，青砂石产自马鞍山、牛栏山、石景山，紫石产自马鞍山，豆渣石产自白虎涧。但是有一种石料是北京周边几乎没有的，就是花斑石。花斑石又叫竹叶纹石，磨出来像竹叶纹，看上去十分美观，但只在江苏徐州、河南浚县等地的山区才出产，所以就需要通过运河运抵张家湾。张家湾有一个厂叫花斑石厂，今天还可以看到张家湾有皇木厂村，那里至今还有40多块大石头，其中最大的一块重20多吨，高5米多。木材、砖料和石料，充分印证了"大运河漂来的北京城"说法。

(三)漕运促进了通州商业的发展

北京是一个商业非常发达的地方。明代张瀚写了本书叫《松窗梦语》,里面讲"四方之货不产于燕而聚于燕""今天下财货聚于京师,而半产于东南"。也就是说,运往北京的货物有一半是产自东南,而东南地区运输到北京就一定依赖于运河,因此运河旁的通州就成为著名的商业节点,商业非常发达。朝鲜在元明清时都以中国作为宗主国,每年要派遣使臣进贡,这些使臣的一个任务就是沿途记日记,写下在中国的所见所闻。这些日记,在明代叫《朝天录》,到了清代叫《燕行录》。《朝天录》中有对于通州的描述:

> 白河南望四十里间,舳舻云屯,填塞海口,樯竿之立,纷若葱田。西、南诸路贡赋、商贾之船莫不由此河以达京师,为上下公私之费。通州据下上,当要冲之地,故物货殷富,为北方之甲也。

通州往南看,一直到张家湾的四十里水路全是船,过去通州八景有一个叫"万舟骈集",讲的就是这个场景。无独有偶,道光年间也有如下的记录:

> 入通运门,是通州东门也,到西门内止宿。城内稠密富丽……民物室屋之盛,货产车马之繁,应接不暇,马上周视左右费目生炫之骇若狂人。

后面这句话说得不太顺畅,毕竟是个外国人嘛。他一进通州城,就被这里车水马龙、物阜民丰的繁荣景象惊呆了。

通州东门内留下了很多胡同,能够反映出当年商业的兴盛。像北果子市、南果子市、瓷器胡同,都是当年繁华的商业区。

另外,通州商业还与明清的茶路贸易有关。因为草原上的游牧民族以食肉、奶为主,必须佐以茶叶来解腻,而草原上又不生产茶叶,于是必须与中原王朝开展茶马贸易。隆庆年间,甚至因为明朝停掉了与蒙古的茶马互市而引发了蒙古人的入侵。清代万里茶路非常兴盛，主要依靠陆路，但是也有一部分是走运河的，所以通州也是万里茶路的一部分。通州北关有十八家骆驼店，三家茶局，在光绪十四年（1888）有份奏折写道："俄商贩茶回国，无不由津运通，每当夏秋漕忙之际，船不敷雇，常启争端。"从中都可以看到当时通州茶叶贸易的繁荣。

乾隆年间，有英国使团进宫谒见皇帝，路过通州的时候写道："（通州）工商业显得非常兴旺，确实表现出来是一个为首都服务的城市。"他们在通州看到了南方的茶叶、丝绸、瓷器，还有草原来的皮货，甚至还因为看到了英国货而感到非常高兴。

通州的商业繁华到什么地步呢？朝鲜人记载说"通州夜市名于天下"。《燕行录》里面有很多段落在描写通州夜市，就在现在的通州东大街。在通州行漕的时间里，也就是每年三月初一到九月底的7个月期间，东大街的商业街是24小时不歇业的，所以到晚上都需要点灯，朝鲜使臣记载说"通明如昼"。《燕行录》中还有一条让我非常震惊的记录，是同治五年柳厚祚记载说康熙年间，将"通州夜市"添入了"燕京八景"。大家都知道，燕京八景主要是讲自然景观的，也有少数人文景观，而通州夜市是其中唯一一个商业景观。

近代通州发展

近代的通州发展，主要包括以下内容。

（一）铁路与通州

目前一般认为中国最早的铁路是1881年建成的唐胥铁路，实际上有更早的一条，就是上海的淞沪铁路，当时民间本来就不接受这个"怪物"，后来又撞死人了，引发了民间抗议，所以它不久就被拆除掉了。李鸿章上任北洋大臣之后，有了海外考察等经历，觉得铁路是很有用处的，于是成为铁路建设的积极推动者，唐胥铁路就是在他的争取下开通的。当时出现了很可笑的一幕，因为民间觉得火车头喷出的黑烟对路两旁的庄稼不好，而官方又觉得火车机车的轰鸣震动会打扰清东陵的老祖宗，所以不让使用机车，于是唐胥铁路就出现了马拉火车的场景。当时还有很多类似的可笑的例子，山东济宁一带的津浦铁路，本来是要走曲阜的，山东那边唯恐打扰到孔夫子，于是铁路就改到了邹城，反而造成了邹城发展好于曲阜。

当时，李鸿章也力主铁路修进北京城，他是当时少数几个有远见的人之一。当时规划的线路是天津——杨村——张家湾——通州——北京，线路都勘探好了，但是朝廷有很多反对派不接受，说铁路会资敌扰民。通州民间也有很强的反对势力，当时36个村子联名上书慈禧，反对铁路经过通州，主要的原因也是担心铁路会打扰祖宗安息，另外还担心铁路占地损害他们的利益，再就是铁路必然导致运河附近以漕运为生的几十万人失业。正逢那年下雨打雷，把故宫太和殿的一个角给劈了，慈禧也觉得是铁路不太吉利，于是就停办了。

几年之后，铁路的重要性逐渐被意识到，连接武汉到北京的卢汉铁路开始动工修建。当时要论证天津到北京的路线，其实经过通州是最近的，但还是受到了漕运方面的反对，所以天津到北京这段只能绕过通州走了大兴，到今天的京广铁路仍然如此。这如同几百年前的通惠河一样，都是因为遭遇到利益集团的阻挠而难以继续。如果当时铁路从通州走的话，通州应当早已成为北京的副中心了。直到1901年，才终于有了转机，英国修建了一条通州支线。在八国联军进北京之后，为了方便物资运输，修建了通州到北京的铁路，这样就可以很方便地将水路运到通州的物资转运进京。所以总的来讲，通州抓住了运河的机会，但没有抓住铁路的机会。

(二) 通州起义

这是在七七事变不久后发生的。当年《辛丑条约》规定了八国联军有权在中国内地驻军，而日本在卢沟桥附近就有驻军，于是七七事变就发生在这里。当时日本在通州也有驻军，卢沟桥事变以后，驻扎在通州的日本警卫队到卢沟桥增援，通州就比较空虚。通州除了日本人的军队，还有二十九军以及日本人扶持的伪冀东政权殷汝耕政府的保安队。保安队本来是和日军一道对付二十九军的，但当时出于各种因素与日军有了矛盾，于是他们就密谋在通州起义，最终在通州杀死了数百名日本人，痛击了日军。如果读者有兴趣可以去日本的国会图书馆查阅通州事件，因为当时对于日本人打击太大了，他们有很多人写书来纪念。通州之前还保留有一处通州起义指挥部旧址，可惜前些年被拆了。

通州的运河文化及风格

(一) 通州的运河文化

在国内所有关于文化的书上，对于文化的定义都是说，文化是一个复杂的总体，包括知识、信仰、艺术、道德、法律、风俗以及人类在社会里所得的一切能力和习惯，这是由泰勒提出的一个很经典的、全世界通用的定义。通俗地说，他认为什么都是文化，文化无所不包。

我认为他的说法是不够精确的，文化要依据一个文化源来定义。中国传统的典籍里这样表述："观乎天文以察时变，观乎人文以化成天下。"换句话说就是用我的价值观来转化你，中国好多地名都有这个化字，像吉林通化、浙江奉化、广东从化、乌鲁木齐以前叫迪化、呼和浩特叫归化。这些地名都是文化的反映，是周边少数民族接纳和融入中华民族价值观的体现，所以中华民族是不分种族的，只要接受了这种价值观，就会被认为是中华民族的一部分。在我看来，文化就是文化源对于周边事物的影响，那么运河文化就是指运河对其周边自然和人文环境所产生的影响。比如说通州燃灯塔，有人说燃灯塔是运河文化的一个重要代表，而严格来讲它不算是运河文化，它只是通州的代表。因为运河还没有挖掘的时候，燃灯塔就已经在这里了。能够被称为运河文化的，一定是运河存在之后对于周边事物的改变，这些发生改变的事物才应该叫文化。

  运河文化是中华文明的一个典型代表，我认为北京拥有展现中华文明的三大历史杰作。第一是北京城，第二是万里长城，第三就是大运河。其中，大运河是现在比较受大家忽视的，在古代人眼里，大运河的地位相当重要，比如朝鲜使臣朴趾源写道："舟楫之胜，可敌长城之雄。""不见潞河之舟楫，则不知帝都之壮也。"

  目前通州还有一些历史遗迹能够展现出当年运河的影子，比如古河道、闸坝、堤防、码头、仓厂、村镇、寺庙、桥梁、地名等。古河道，比如潮白河故道、温榆河故道、北运河故道，其中谢家楼村附近的运河故道还出土过沉船。闸坝现在保留下来的主要是苏庄滚水坝，但现在是在公路下面，不太容易看到。通流闸只留下了一个地名叫作闸桥。堤防有运河东堤、西堤、平家疃大堤，平家疃是个村，这段大堤是李鸿章主持修建的。码头有土坝码头、石坝码头、张家湾、里二泗、马头村。村镇方面，通州老城已经基本被毁，张家湾还保留了一小部分。平家疃这个村特别有故事，是关于康熙和他的首任皇后赫舍里的。大家知道康熙和索尼结亲当时属于政治需要，赫舍里也算是帮了康熙大忙，所以康熙对她恩爱有加。有一次康熙陪孝庄太后出京，在平家疃这里听说赫舍里病重，于是孝庄让他回宫探望，康熙回去当天赫舍里病就好了，他又回到平家疃接祖母回京，并且在这里修建了一座庙。通州曾经有很多寺庙，比如大王庙、天后宫，但是没有任何一座留存到现在，只有一些相关的地名,如小圣庙、佑民观等。桥梁,现在还留存的只有八里桥和通运桥了。

运河的古河道,从通州到张家湾拐了一个弯,从张家湾到谢家楼又拐了个弯,到后面还有几个弯,其实过去的运河从北京到天津的河道一定是这样弯弯曲曲的。为什么会这样呢?按当时的说法,要想行船,运河必须达到四尺深。如果是直的河道,地势比较陡,那么北京到天津这段就存不住水,深度就达不到四尺,由于这里都是沙土,也不适合修大坝来抬高水位,于是只能利用河流的弯度来降低河流的纵比降,让河流流速变小,只有这样才能保证运河有足够的深度。所以为什么潮白河在通州这段叫白河,民间有个说法是从通州到北京有99个这样的弯,百字去掉一个横就是白,所以就叫白河了。当然,也有说法认为是因为河道两岸是白色的,所以叫白河。

(二) 运河文化中比较独特的风俗

漕运和其他航行一样,都有专门的保护神——妈祖。所以不只是南方沿海,北方许多地方也有妈祖庙或者天后宫,像沈阳和北京城里都有,不过北京城内和大通桥码头的天后宫都已经不见了。通州有三座天后宫,一座是里二泗的天后宫,就是现在的佑民观,另一座在通州老城,贡院胡同北边有一座天后宫,通惠河北还有一座天后宫。在百姓心里天后宫是典型的保卫航行的,是妈祖文化的一个代表。

另外有一个专门的漕运保护神叫谢绪,又叫金龙四大王,北京地区唯一一处供奉他的庙叫金龙四大王庙,就在东关外土坝码头边,当时朝鲜人也有相关的记载。那么谢绪是何许人呢?他是元灭宋时谢太后的弟弟,排行第四,因为他只是一名书生,不擅长舞刀弄枪,常为不能上马杀敌感到郁闷,就隐居在金龙山,死的时候说要幻化成水神帮后代赶走蒙古人。传说朱元璋北伐的时候,曾经梦到过他来帮忙，结果就打了胜仗。等到战争结束后，朱元璋又梦到他自述平生愿望，于是就封谢绪为河神，一开始是作为黄河的保护神，之后明朝又将他封为漕运的保护神。

张家湾是运河重要的客运码头，明朝宰相徐阶写过"自都门东南行六十里，有地曰张家湾。凡四方之贡赋与士大夫之造朝者，舟至于此，则市马就车陆行以达都下"。当然，它也是送行离别的地方，如同西安的霸桥别柳。明代的《帝京景物略》讲道："出都门半取水道，送行人，闲者别张家湾，忙者置酒此祠亭。"这里的祠指的是崇文门外三忠祠，意思就是在京城送别，如果比较忙，就只送到崇文门；如果比较闲，就送到张家湾。从明清的一些小说中也可以看出来一些线索，比如《警世通言》讲杜十娘怒沉百宝箱，就提到"再说李公子同杜十娘行至潞河，舍陆从舟，却好有瓜洲差使船转回之便，讲定船钱，包了舱。"清代也有类似的记载，"士大夫往来京师，多假道通潞。"总之，张家湾作为客运码头仍有很多故事有待挖掘。

通州旧有"通州八景"的说法，其中有六景在现在的通州古城附近，大多数与运河有关。比如柳荫龙舟，龙舟是专门为皇帝去江南置办货物的；二水汇流，当时潮白河和温榆河在这汇合；古塔凌云，是说燃灯塔；通惠河叫波分凤沼，因为太液池又叫凤沼，通惠河从积水潭一带流到这里，故有此名；八里桥叫长桥映月，大家可能觉得八里桥这个名字很怪，明明离通州没几步路，怎么叫八里呢？实际上通州古城在现在的车站路和新华大街交接的地方有座城门叫"朝天门"，或者叫古城西门，从这里到八里桥是接近4千米的。

通州八景中还有一处"万舟骈集"，朝鲜人有不少关于这个景象的记载。例如：

> 水绕通州东，城南北而望，大小舟楫，凡不知几万艘，横亘数十里，樯立如麻，布帆铺卷……

舳舻接尾，樯竿锥立如荠，不可以数计，真天下之都会也。

未至潞河七八里之间，望见云霭之中若有巨竹数千万挺，森立于洲渚烟树之间，问之译官，则乃万艘之樯也。

上面的这些记载写的都还是很震撼的，离潞河还有七八里地，就能看到云霭中有很多桅杆竖立。

通州地方文化

除了运河之外，通州本身还有其他的地方文化，其中最具代表性的就是燃灯塔、通州贡院和通州卫。

（一）燃灯塔

燃灯佛舍利塔在古代为通州城内最高建筑。燃灯塔是京杭大运河北端标志，是京杭大运河上四大名塔之一。北京大学校内著名校园建筑博雅塔便是以其为原型修建的。燃灯塔于 1979 年被定为北京市文物保护单位，2019 年被定为国家级文物保护单位。

（二）通州贡院

通州的文化在北京过去是领先的，潞河中学在前些年能排到北京市前十名，现在是二十名开外。通州的教育，在古代都是最发达的，近代在北京也是领先的。近些年，由于城区的吸引力太大，导致通州的教育有所退步。通州的古代教育非常发达，主要是因为通州在古代的经济就很发达。在清代，顺天府的府试和院试都是在通州。《乾隆实录》中就记载说顺天府 24 个州县两万多的考生在通州考试，再加上各自的家属书童，一下子就有四五万人涌入通州。通州贡院是华北第二大贡院，仅次于北京贡院，但是很可惜，如今不仅贡院没了，连贡院胡同也没了。

顺便讲一下通州的近代教育。由于天津靠海，所以近代以来的文化都是从天津一点点往北京这边传播的，而通州就处于京津之间，所以也是北京最早接受到近代文化的地方，比如近代教育。在通州已经有了潞河小学、潞河书院的时候，整个北京市其他的郊区都没有。《通县编纂省志材料》里提到，民国时期通州人也因为教育领先于其他区县而特别骄傲。

（三）通州卫

通州卫在京城附近的卫所中占据着独特的地位，为什么这么说呢？因为通州是北京的仓储重地，一定会下很大力气去守卫。明代的时候，通州卫是唯一一个北京城外的亲军卫。所谓亲军卫，指的就是专门保卫皇帝的卫所，大多在京城，通州卫的这种设置正说明了通州地位之重要。很可惜的是通州卫的遗址已经被拆完了，没有留下来任何遗迹。

通州与外界的关系

本节讲一下通州与外界的关系，包括通州与北京的关系，通州与京津冀的关系，通州与国内外的关系。

（一）通州与北京的关系

通州是北京的东大门，有两个事件可以证明。1368年7月2日，明军攻克了通州城，当晚元顺帝就由健德门从北京城逃跑了。1860年9月英法联军入侵，清军在八里桥战役中被打败，之后咸丰帝就急忙逃往热河。这两件事情都说明通州事实上是北京的一座大门，大门失守，门里的人就急忙逃跑。

现在通常认为通州是北京的郊区，实际上通州在过去虽然是以区县、州县的形式存在，但是它是北京城的一部分。明朝有过记载:"通州非郡县之城,天子之城也。"其中一个体现就是漕运的工部、户部、礼部都有分支机构设在通州,因为礼部要负责使臣的迎来送往,工部要治河、修仓,户部要运粮,所以这些中央部门在通州都有派出机构,所以通州的粮仓也叫天仓,与皇城的粮仓名称一致。

现在,北京周围各地的风俗习惯与北京都是一样的,但是在过去,只有通州的风俗习惯跟北京城是最一致的。举一个例子,在过去北京其他城门都有宵禁,而朝阳门是不关的,正是因为漕运期间,朝阳门到通州有着昼夜不息的人流和货物。

(二)通州与京津冀的关系

唐代从通州东部划出一部分设立了三河县,元代又从通州南部和武清各划一部分设立了漷县,之后又从潞县、三河和武清各划了一部分组成了香河县。所以三河、香河以及大厂,都有一部分土地过去属于通州。明朝的时候,通州的管辖范围进一步扩大,管理潞县、三河、漷县、武清、宝坻,唯独香河不归通州管,我至今没有厘清其缘由。到了清朝的时候,通州管辖范围更大了,虽然说到清朝,通州不管别的县了,但是却成为通永道的驻地,"道"是介于地区与省之间的一个中间机构,比地区高,比省低,它管的是永平府、遵化州,还有顺天府的东路,所以管的范围更宽了,现在天津的整个北部,当年都是通州的。从金、元到明再到清,通州的管辖范围越来越大,由此可以看出通州在京津冀范围内,历史上的地位就非常高。

(三)通州与国内外的关系

通州是运输终点,不仅是漕粮的运输终点,而且是皇木、砖料的运输终点,还是其他物资的运输终点。在涉及漕运的各种书籍上有两组字,一个叫抵通,一个叫抵湾,所有的运输都写这两个,因为这就是漕运终点，"通"指通州，"湾"指张家湾，所以过去运输物资，其实到通州就结束了。为什么说通州是漕运终点呢？因为明朝、清朝是军队运输，军队运输到通州就回去了，到通州之后再由其他人将其运到京城。

1793年的英国使臣马嘎尔尼谒见乾隆、1816年英国的阿美士德使臣访华，1860年英法联军、1900年八国联军两次攻入北京，都是从通州进去的。当时外国人来到通州之后，会安排他们住到通州城关外的蛮子营，这种地名是有一定象征意义的。

总之，从通州整个历史发展过程当中，通州成为北京城市副中心是天经地义的，是符合历史发展逻辑的。

东北交通与明清之战

韩茂莉*

---

* 韩茂莉,北京大学城市与环境学院教授、博士生导师,北京大学博雅特聘教授。主要研究领域为中国历史农业地理、环境变迁、历史社会地理。

京华往事（二）：一个历史地理的视角

侯仁之先生认为，与北京有关的重要交通道路主要有三条。第一条是从北京出发一路向南，经过保定、石家庄、邯郸，然后进入河南新乡，渡过黄河到郑州，这就是京广铁路的北段。这一条交通路线到今天大概有九千年左右的历史了。第二条是从北京出发，然后越过八达岭、居庸关，进入张家口、山西、内蒙古，这就是今天京包铁路所经过的路线。第三条是联系北京与东北地区的道路。在历史时期，北京与东北之间基本上是翻过燕山山脉，就进入了东北地区，其中最主要的一条道路是经过秦皇岛附近的山海关进入东北。正是由于有这样三条道路交汇于北京，北京才成为一个重要的交通枢纽，也是北京成为中国古代最后一座都城的一个重要原因。

北京通往东北的三条交通要道

明长城修建于永乐时期，也就是明朝第三个皇帝朱棣在位的时候。明长城东起鸭绿江口，经过山海关，一路向西，最后抵达嘉峪关。在华北地区与东北地区之间的交通道路，涉及明长城上面的三个重要关口，分别是古北口、喜峰口、山海关。古北口在今天北京密云区，喜峰口在河北省迁西县，而山海关则位于河北省秦皇岛市。这三个关口既是明长城上的三个关口，又控制着从华北通向北京地区的三条道路。为什么会在长城上有这三个关口？其实这三个关口的出现与北京正北方的一条山脉——燕山山脉有关。燕山山脉有一些山间谷地，在此基础上形成穿越山脉的道路，长城就配合这种地形设置了三个关口来控制这些交通要道。这三个关口中，古北口、喜峰口作为道路的历史比较久远，到今天至少有五千年的历史，而山海关这条道路只有一千多年。

古北口坐落在燕山山脉的山谷之中，从密云出发，顺着这条山谷一路向北走，就会进入承德境内，然后从平泉市一带就拐入河北北部以及内蒙古赤峰市境内，构成了一条从华北进入东北地区的交通道路。这条道路到今天已经有五千多年的历史了，何以推断？红山文化是一个距今五千年左右的考古文化类型，它起源于燕山以北的内蒙古赤峰市境内，但在北京的密云、怀柔、昌平，还有河北省的迁西等地也发现了这个文化类型。这说明五千多年前的古人就越过燕山，穿过古北口进入华北地区，在北京和河北省境内留下了距今五千年前属于红山文化的遗址。

喜峰口也是明长城上的关口，古人在这里设置一个关，仍然是与燕山山脉的山间道路有关。沿着喜峰口所控制的山间道路一路向北走，越过燕山，也能到达今天的内蒙古境内的赤峰市大宁县一带。人们把这条由喜峰口所控制的道路称为卢龙道。喜峰口附近的长城现在大多数都被毁掉了，其中喜峰口也由于迁西附近修建水库而被淹没到水下了。这个关口历史上发生过很多大事，在距今天不远的抗日战争初期阶段，西北军冯玉祥手下有一员抗战将军叫宋哲元，他率领的部队就在喜峰口附近抵抗日本军队，这就是当年著名的长城抗战。也正是在长城抗战中，创作了一首著名的抗战歌曲《大刀向鬼子头上砍去》。喜峰口这条道路距今也有五千年左右的历史了，因为考古学家在河北迁西一带同样发现了红山文化的遗迹，这证明古人在五千年前就利用了燕山山脉中的这条山路进行东北和华北地区的交通往来。

山海关号称天下第一关，这第一关并不是讲这个关口修建得如何雄伟、如何坚固，而是指的这条道路在中国历史上发生过许多事情。与喜峰口和古北口所连接的两条道路相比，山海关这条道路尽管如此重要、如此深入人心，却是最晚形成的，大概距今只有一千多年。下面从自然条件角度讲一下山海关是一个什么样的关口。

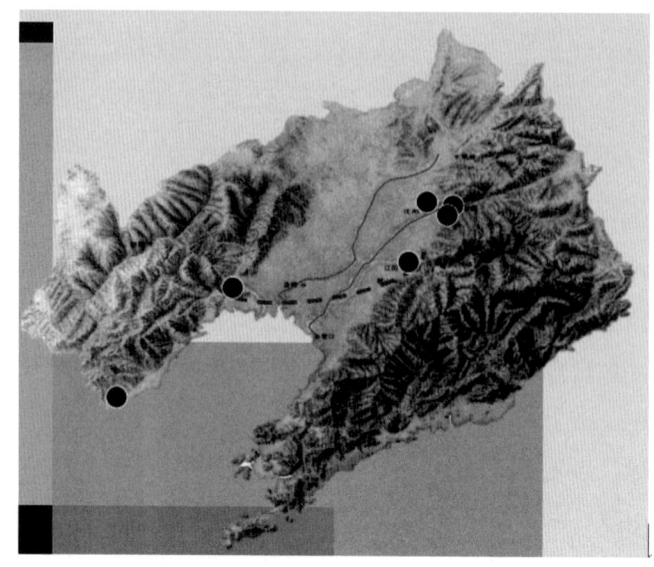

图1 辽宁地形

图1是今天的辽宁省地形图,在这幅图上可以看到,左边这一侧是一系列的山地,这就是燕山山脉。燕山山脉是一条东西向延伸的山脉,它在北京的正北方,一直向东延伸,最后抵达渤海沿岸。从这幅图上可以发现,在燕山山脉与渤海相连接的地方,有一条狭窄的、颜色非常浅的地带。这条地带最宽的地方只有20~30千米,但南北之间长达180千米,在地理学上把这条南北狭长的地带称为辽西走廊。辽西走廊的最南端,也是最窄的地方就是山海关,最北端进入辽宁省境内,也就是锦州所在的位置。于是一南一北,北边的锦州,南边的山海关,控制了整个辽西走廊。

在从华北通向东北的几条道路之中,古北口、喜峰口都是在山中形成的道路,崎岖不平,唯有山海关这条道路是非常平坦的,但是它形成得最晚,原因在于在距今几百万年的地质历史时期,整个中国东部的海洋,其海水不断上涨,把东部地区的沿海地带淹没了。后来海平面逐渐下降,在海水退去之后在燕山山脉和渤海之间的狭窄地带留下了许多沼泽、水体,这些又湿又泥泞的地带难以通行。距今一千多年前，也就是在公元 13 世纪初期，海水退去之后展现出一条平坦的道路，比古北口、喜峰口那条山中道路好走得多，于是人们马上利用起来。辽西走廊也就变成了在地理上，尤其是军事地理上最具价值的地带。

东北交通与明清之战

在明清更替之际，一个主角是大明王朝，另外一个主角是满洲人。满洲人的先祖是女真人，曾经在 13 世纪的时候，建立过一个大金政权。后来随着蒙古人进入中原，大金政权灭亡了。但是女真人仍然存在，他们活动在东北小兴安岭和长白山地区。到了明朝的时候，活动在长白山地区的女真人，其中有一个部落叫作满洲部落，这个部落就变成了后来的大清王朝的建立者。在大明王朝和满洲人之间的这种军事交战中，最早的是抚顺之战和萨尔浒之战。为什么会在这个地方发生战争呢？

辽宁东部的长白山由张广才岭、吉林哈达岭、老爷岭等一系列山脉组成。早年的满洲人以长白山为基地，生活在山中。满洲人中努尔哈赤所在的部落，生活在长白山的边缘，也就是长白山和辽河平原的过渡地带。

但满洲人不想一直生活在长白山区，他要从山中走出来到达平原地区，所以这两场大战就发生在山与平原之间的边缘地带，也就是抚顺和萨尔浒。这是满洲人要走出山地而发生的两场大战，而且打赢了。打赢了这两场大战之后，满洲人有了条件向辽河平原的其他地方发展，于是从抚顺、萨尔浒一带向南到达辽阳一带。在辽阳附近的赫图阿拉，满洲人于 1616 年建立了自己的政权，叫后金政权。因为他们的先祖曾经建立过大金政权，于是秉承着先祖的传统，建立了后金政权。

之后满洲人的力量越来越强，又与明王朝发生了一次大战，叫辽沈之战。战场在沈阳。满洲人最终打赢了辽沈之战,占领了沈阳。沈阳是东北地区与吉林长春相连接的一个重要的地点,也是东北地区重要交通道路上的一座城市,沈阳控制着辽河以东平原地带,是一处战略要地。所以满洲人放弃了原来建立在辽阳附近的赫图阿拉,将都城迁移到了沈阳。满洲人将都城迁入沈阳之后,国号也发生了变化,由原来的后金改成大清。沈阳故宫,就是当年清朝人建立了大清政权之后建的都城皇宫。建都沈阳之后,随着力量加强,满洲人决定向关内打,也就是说决定向华北地区发动进攻。但是满洲人面临一个问题,辽宁境内有一条河流叫辽河,是一条南北向的河流,沈阳就在这条河流东部的平原地区。而山海关在辽河以西。满洲人要想进入华北地区,与大明王朝争天下,就要获取辽西走廊这条交通道路,因为这条道路是三条要道中最平坦的,大部队在这里行走非常方便。而要获取辽西走廊,就要先把辽河以西的平原地带拿下。

为了争取辽西平原,明清之间发生了广宁之战。广宁在什么地方呢?今天锦州以北地区有一座城市叫北镇,北镇距离锦州非常近,明朝的时候北镇就叫广宁,这个名称就说明了它的地位,这是锦州以北的一个屏障,如果广宁失守了,那锦州也就很难保得住了。满洲人力量加强之后,希望从辽东所在的平原渡过辽河到辽西。所以他们与大明王朝为了争夺辽西走廊这一条能够进入华北的道路,发动了广宁之战。

广宁之战是由谁来率领的呢?明朝的辽宁一线军事总指挥叫熊廷弼,当时他的官职是辽东经略,相当于今天的辽东军分区的司令。到了明朝晚期,皇上对这种领兵的将领已经不那么信任了,于是派熊廷弼统领辽宁境内军队的同时,又从朝廷派了一个文官叫王化贞,给予他的官职为巡抚,其目的就是用王化贞监督熊廷弼。王化贞不懂军事,他认为既然广宁如此重要,整个军队应该以广宁为中心,形成一个密集的军队集结地。熊廷弼则认为应该沿着辽河一线进行军事部署,目的就是防止满洲人渡过辽河,因为满洲人随时随地都可以从任何一个地方渡过辽河,一旦渡过辽河,就没有地理上的屏障了,所以说要守住辽河一线才能守住广宁和辽西走廊。他们两人的见解有分歧,所以军队也没有马上进入既定的防区。就在两人争论不休的时候,满洲人已经获得这个消息,于是满洲大军渡过辽河,一举攻下广宁,又沿着广宁打下锦州,一直打到辽西走廊的中部地带——宁远,也就是今天辽宁省兴城县。这就是著名的广宁之战,明王朝又失败了。这也意味着作为一条重要的通向华北一带的道路,辽西走廊已经失去了一多半。

广宁之战失败后,明朝一名叫袁崇焕的官员临危受命,镇守宁远。袁崇焕决心守住宁远,而且还要收复整个辽西走廊。不久,天启皇帝去世,崇祯皇帝继位。当时袁崇焕被召到北京,受到崇祯皇帝的接见。袁崇焕当时做了保证,他说五年能够恢复整个辽西和辽东地带,简称"五年复辽"。崇祯皇帝听了非常高兴,就把他所有的希望都寄托在袁崇焕身上了。

袁崇焕要求崇祯皇帝给予其大力支持,就是红夷大炮(西洋火炮)。当时,明朝从葡萄牙人手中进口了30门西洋火炮。其中一部分被安放在广东、福建一带防止沿海地区的倭寇,另外一部分是安放在北京,保卫北京城。袁崇焕提出这个请求后,这些大炮就安放在宁远城之上了。

袁崇焕有了大炮就等于有了最先进杀伤力的武器。他鼓励宁远城的守军,振奋了他们守城的信心,于是发生了明清之间的第五次大战——宁远之战。这一次明朝军队在袁崇焕的率领之下打赢了,这就是历史上著名的宁远大捷。清军首领努尔哈赤在宁远城下受伤,而且伤势很重,回到他的营账之后就死了,由其儿子皇太极继位。袁崇焕率领他的守军在宁远获得胜利之后,一路向北打,迅速打到锦州一带,又从锦州推到广宁,也就是说所有辽西走廊都被袁崇焕成功地收复了,明朝军队又控制了这条道路。

京华往事（二）：一个历史地理的视角

袁崇焕获得了这一次胜利之后就开始犯错误了。后来有人说他的第一个错误早在宁远大捷之前就犯了，他非常轻而易举地给崇祯皇帝许下了一个诺言——五年收复辽东、辽西，这个允诺有点草率，也就是说打败满洲人不那么容易。由于崇祯皇帝对他寄满了希望，就等着他五年复辽，但是他真的是做不到，所以让崇祯皇帝大为失望，这是他犯的第一个错误。

第二个错误是什么呢？宁远大捷之后不久开始闹旱灾，满洲人生活在辽河平原上，他们早在山里的时候以渔猎为主，到了平原以后就开始种地了。这一次旱灾导致满洲人几乎颗粒无收，当时明朝就命令袁崇焕一粒粮食都不能卖出关外，不能卖给满洲人。皇太极是个聪明人，他发现正面攻打山海关很困难，于是制定了一个新的政策——和蒙古人建立联系，具体是哪些蒙古人呢？是内蒙古东部地区的一些王公，满洲人的公主嫁给蒙古王公做他们的妃子，然后蒙古王公的女儿也嫁给满洲皇帝，这种联系叫政治联姻。在这种互相联姻的过程中，形成了一种军事联盟。蒙古人虽然是游牧民族，以肉食为主，但是也会需要少量的粮食。于是蒙古人在旱灾时就跟袁崇焕商量，想买粮食。袁崇焕希望在灾难的时候卖给蒙古人粮食，能够和蒙古人达成一种协议和联盟，共同对抗满洲人。为了拉拢蒙古人，他就把粮食卖给了他们。结果蒙古人把粮食转手给满洲人了。这件事情传到了朝廷，崇祯皇帝气坏了。这就等于袁崇焕在满洲人最艰难的时候支持他们挺过了旱灾之年，这是袁崇焕犯的第二个错误。

第三个错误是什么呢？在辽东半岛以东的鸭绿江入海口附近有一个岛屿叫皮岛，当时有一员明朝的将军毛文龙率领的部队驻守在皮岛。从地图上来看，皮岛是在满洲人建立的大清政权的后方，虽然小，但是对大清政权来讲始终是一个后顾之忧。毛文龙的部队都是他自己招募来的，不属于国家正规军。部队军人只听毛文龙的指挥，又非常骄横。袁崇焕虽然是整个辽东一带的军事长官，但毛文龙手下的这些人根本就不听他的命令,所以袁崇焕非常生气。有一天他带着自己手下的人来到皮岛,把所有的军人召集到一起,然后突如其来地把毛文龙杀了。他以为杀了毛文龙,皮岛上的这些守将就能够听他的话。但他万万没想到,这支部队是毛文龙自己招募来的私家兵,所以毛文龙死了以后这支部队就涣散了,一部分人逃离了皮岛,另一部分人竟然投降了大清。皮岛这个地方有什么样的价值呢?毛文龙的部队没了以后,皮岛就失守了,满洲人没有了后顾之忧,于是把所有的部队都投入辽河一线,全力攻打辽西。这是袁崇焕犯的第三个错误。

以后发生了什么事情呢?皇太极当然要对中原地区、华北地区继续作战,在完成了与蒙古人的联盟之后,他开始做了一个重要的战略调整。这就是我们下面要讲的入口之战。从华北地区进入东北的道路,不只山海关这一条,还有古北口、喜峰口,甚至可以通过更靠西的张家口一带进入北京。所有这一切地理空间都是蒙古人的领地,而蒙古人与满洲人建立了联盟,于是皇太极手下的小股部队就从张家口一带以及喜峰口、古北口一带打入关内,骚扰一阵又回去了。这许许多多的入口之战都是一种小规模的骚扰,但是有一次是非常重要的。这一次由皇太极亲自率领部队,从喜峰口一带的山中道路打到了北京城附近。当时北京守军完全没有想到,满洲人居然能够打到北京城下。这个消息传到了袁崇焕耳朵里,他着急了,因为守辽东、辽西一线的总指挥是他,他认为满洲人成功地来到北京城附近是自己的失职,于是在没有朝廷指令下,就带着自己的军队,从广宁一线,也就是辽西前线杀回到北京城附近。我们知道从古到今部队首领要带着部队离开指定的军事驻地,必须有调兵令,没有调兵令擅自离开驻地,就叫谋反。但是袁崇焕一着急就忘记了这一条,带着他的部队打到了北京城附近。这一次他亲自上前线,打得非常残酷,混战了一天,袁崇焕也多处受伤。到了最后,清军没有继续恋战,因为皇太极知道,他带出来的这数量不多的军队是不可能颠覆明王朝的，于是他见好就收，到傍晚的时候带着自己的部队又撤回到关外地区。但是在撤回的过程中，留下了一些间谍细作化装为老百姓，混到北京城内。他们在北京城内散布谣言，说这一次清军进入北京是和袁崇焕商量好的，是袁崇焕引导清军进入北京，而且名义上是袁崇焕和清军交战，实际上是给清军一把助力等等。袁崇焕带着他自己的人打了一天仗，非常累，就跟朝廷提出申请，想进城休整一下。但是这谣言迅速传到了皇帝那里，那当然不允许军队进城了，后来朝廷只允许袁崇焕一个人进京，但是没有打开城门，用一个大筐把他从城墙下吊到城墙上然后进入北京城。他以为能够面见皇帝，解释所有这一切，但是他却没有见到皇帝，官员直接把他送到了监狱，没有多久就把他推到了刑场，凌迟至死。到什么时候大家才知道这是一个谣言呢？直到清朝乾隆皇帝在位的时候，当时满洲人自己已经入关做了好久的皇帝了，就把从前的档案公布了，这时候才真相大白，原来袁崇焕是个忠臣，不是他把清人带进来的。袁崇焕死后，被埋到了北京南城，他的墓就在现在的广渠门中学附近，一直保留到了现在。

　　袁崇焕死了以后，朝廷另派了一名军事将领叫洪承畴，之后又发生了下一次大战，叫松山之战。松山就是锦州附近的一个不大的小山，当地人把它称为松山。这一次松山之战，明朝军队又失败了，洪承畴做了俘虏，他在清军的营账之中坚持了几十天以后投降了清军。清军赢得了松山之战之后，从锦州一带一路向南推，很快打到了山海关附近。山海关就是辽西走廊的最后一个关口，守关的将军是吴三桂。虽然山海关已经是辽西走廊的最后一道关口，但是由于这一道关非常险要，吴三桂的军队守在这里仍然能够挡住清军。但是就在这个时候李自成的军队打进北京了。崇祯皇帝吊死于景山，明朝灭亡。

　　李自成的军队来到北京之后，马上派他的手下人来到山海关，跟吴三桂商量，希望吴三桂能够替闯王守边关，许诺给吴三桂各种各样的高官厚禄。吴三桂也不想跟清人合作,他决定同意这个建议,替李自成守关。吴三桂高高兴兴地把守关的任务部署给自己的将领,然后率领他手下一些人到北京准备谒见闯王。走到半路的时候,大概在今天的河北省迁西一带的大道上,看到了吴府的家人从北京逃出来了。他们见到吴三桂以后说,李自成手下的人把京城的吴府占领了,其中李自成手下的一个将军叫刘宗敏,不但把吴老太爷给俘虏了,而且还虏走了吴三桂的宠妾陈圆圆。吴三桂一听气炸了,决计不再与李自成合作,他又回到了山海关,并告之手下将领,崇祯皇帝死于李自成手中,如今我们要为崇祯皇帝报仇,就一定要杀了李自成。为了给崇祯皇帝报仇,就要跟清人合作。关于这个问题,后来清朝有一位叫吴梅村的诗人写了一首长诗叫《圆圆曲》,在这首长诗之中,有两句话最为著名:"恸哭六军俱缟素,冲冠一怒为红颜。"讲的就是吴三桂回到军帐之中说要为崇祯皇帝报仇,于是全军上下披麻带孝,这是在哭崇祯皇帝;"冲冠一怒为红颜",这是为了陈圆圆。吴三桂与清军合作,打开了山海关,清军轻而易举地进入北京城,完成了明清之间两个王朝的更替。

通过这些故事我们可以发现,原来最后这两个王朝更替过程中所有这一系列关键性的战争,最重要的争夺地点就是在东北与华北之间,或者确切地说是东北与北京之间的这条交通道路——辽西走廊。满洲人入关了,他们的老家在关外,康熙年间,有一个著名的文人叫纳兰性德,他是当时宰相明珠的儿子,人称清朝第一才子,他在《长相思》这首词中就提到了"山一程,水一程,身向榆关那畔行。"这榆关是什么呢?它曾经是山海关这一个关口的旧称,满洲人的故乡在山海关以外的关外地带,《长相思》就是说满人思念自己的家乡。

北大红楼的人和事

彭积冬*

---

* 彭积冬,东城区委党史办、区政府地方志办主任,二级巡视员。主要负责东城区地方志、《北京东城年鉴》、东城地方党史、东城区情地情的管理与研究工作。

京华往事（二）：一个历史地理的视角

北大红楼位于东城，始建于1916年10月，由原北京大学校长胡仁源主持建造。在此之前，北大的主要场所在马神庙一带。胡仁源在任期间，对北大进行了一系列的整顿和规划。随着整改措施的逐步推行，北京大学的规模不断扩大，到1914年，在校学生已近千人，1915年又增至1 300余人，成为北京大学建校以来学生人数最多的时期，导致教学和生活用房的矛盾倍增。为了缓解此项矛盾，遂开始兴建红楼。1916年，时任北京大学校长的胡仁源和预科学长徐崇钦向比利时仪品公司订立借款合同，共借银洋20万元，修建预科学生寄宿舍。按原来的计划，是1916年10月15日动工，1917年8月30日完工。但是由于在建的过程中发现地下是沙滩，地基不稳，于是就把图纸改了，经与上级研究，决定推迟到1918年建成。

建成后，红楼共有五层，地上四层，半地下一层，占地面积2 000多平方米，总建筑面积为10 000多平方米。每层建筑结构基本一致，房间布局一层、地下室略有不同，二、三、四层大致相同。红楼二、三、四层主体色调为红色，二层以下主体色调为灰色。整个建筑坐北朝南，东西走向，整体平面形状呈"凹"字形，外观为西洋古典建筑风格，后院东西内侧各有一个角门，遥相对应。红楼的二、三、四层以红色为基调，由于当时红色的建筑可能比较少，于是慢慢地就把这个楼称为红楼。

北大红楼是当年北京极少有的高大西式楼房，一经建成，便成为庞然大物，有雄视一方之势，并很快取替马神庙校舍成为北大的标志性建筑，北大红楼也很快成为北京大学的代名词。自1918年落成伊始，北大红楼就与中国的命运和走向息息相关。

在中国近现代史上，北大红楼有着极其重要的、不可替代的赫

北大红楼的人和事

然地位。它是中国新文化运动的主阵地,是中国现代民主的策源地,是马克思主义的传播地,是北京共产主义小组的诞生地,是早期马克思主义者的培养地。在中国近百年历史上发生过多起中外皆知的历史事件,近代众多名人学者在北大红楼留下过足迹。今天,我就从影响中国历史进程的几位典型的人和事这一角度,去理解和感受北大红楼以及北大红楼的情怀与精神。我选择了八位对中国历史发展具有重要影响和推动作用的人物:蔡元培、陈独秀、李大钊、胡适、辜鸿铭、张国焘、邓中夏、毛泽东。

博大坚贞,化腐为奇的蔡元培

蔡元培,是北京大学老校长,未名湖旁边至今还有一座他的铜像。人们对他的评价一般是这样的:他是我国著名的民主主义革命家、教育家、思想家。这位老校长给北大带来的变化是翻天覆地的,自从他入主北大以后,北京大学慢慢成为了享誉世界的高等学府,也使得中国的教育,从传统教育走向近现代教育。

蔡元培1868年1月出生在浙江绍兴。光绪十八年(1892),也就是在他25岁的时候经殿试中进士,当时他的成绩是全国二甲三十四名。头甲一共三个人,也就是状元、榜眼、探花,所以二甲三十四相当于现在全国高考的第三十七名。1912年1月,他任南京临时政府教育总长,主张采用西方教育制度,废止祀孔读经,实行男女同校等改革措施,确立起中国资产阶级民主教育体制。他颁布了《普通教育暂行办法》,并主持制定了《大学令》和《中学令》,这是中国的第一个大学和中学校令,强调要把中学和大学建造成健全国民的学校。二次革命失败后,他携眷赴法,与李石曾等创办留法勤工俭学会。

到1916年,国家教育部总长范源濂给他发了一个邀请函,邀请他回到国内出任北京大学的校长,蔡元培当时也是怀着教育的理想，经过认真的思考以后，决定回来北大任教。尽管他知道北大当时的口碑不怎么好，里面都是一些官老爷的子弟，官家的气息比较浓，但是经过一番考虑后，他觉得还是要回来，改变北京大学的一些面貌，同时也改变中国教育的一些面貌。1916年12月26日，蔡元培正式被任命为北京大学校长。1917年1月4日，蔡元培到北大就职，从此开始了他一生中最有成就、也最为民众所景仰的一段辉煌历程。图1是黎元洪给蔡元培颁布的任命状。

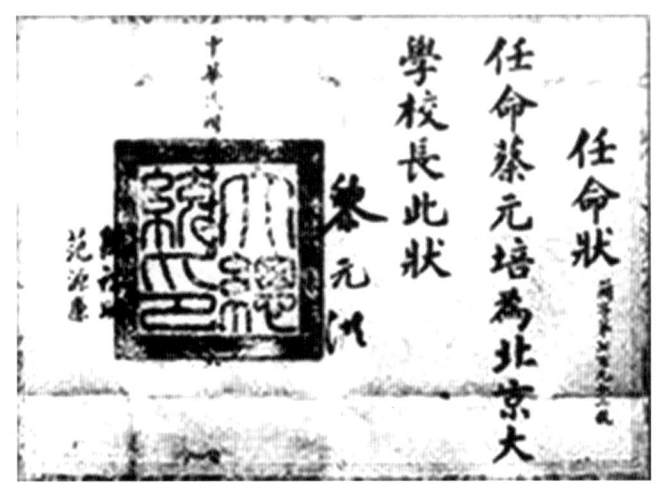

图1　蔡元培任北京大学校长任命状

蔡元培到学校第一天，校工们排队在校门口恭恭敬敬地向他行礼。他一反以前历任校长目中无人、不予理睬的惯例，脱下礼帽郑重其事地向校工们鞠躬回礼。此后，他每天出入校门，校警向他致敬，他都脱帽还礼。这在当时是令校工和学生感到惊讶的新鲜事，给封建积习严重的北大校园吹进一股强劲的平等民主之风，预示着这所学校将在改革中走上新的途程。

1917年1月9日，北京大学举行开学典礼，蔡元培发表了就任校长的演说。针对当时北大存在的不良风气，他着重提出了三个要求，也可以说是三个办学的原则："拍定宗旨""砥砺德行""敬爱师友"，并阐明大学的性质："大学者，研究高深学问者也"，指出

"大学生当以研究学术为天职,不当以大学为升官发财之阶梯",突出强调学生要把"抱定宗旨,为求学而来"放在首要位置。这个演说在师生中引起了强烈反响。

蔡元培上任开始就采取了两个举措:一是不拘一格,聘任国内外知名的专家学者到北大任教,引起学生研究的兴趣;二是改革旧制,改变学校旧的风气,注入民主和科学的精神。他首先聘请了《新青年》杂志主编、在当时影响很大的陈独秀做文科学长,后面又聘请了李大钊、胡适、钱玄同、刘半农、吴虞、鲁迅、周作人等具有革新思想和丰富学识的新派人物到北大任教。除此之外,马叙伦、沈尹默、徐悲鸿、熊十力、马寅初等国内知名专家学者,也被蔡元培聘为北大文科、法科的教授、导师。在理工科方面,蔡元培聘请当时国内第一位介绍爱因斯坦相对论的物理学家夏元瑮担任理科学长,还聘请了知名学者李四光、丁燮林、颜任光、翁文灏、丁文江、俞同奎、朱家骅等国内学者以及外籍专家葛利普等为教授。

通过这些聘请举措,北大一时名师荟萃,学术氛围非常浓厚,教学科研成果盛况空前。据1918年年初的统计,全校共有教授90名,其中35岁以下者就有43名,最年轻的教授徐宝璜只有21岁,胡适、刘半农也只有二十七八岁,陈独秀也才38岁。这样年轻而富有活力的教师队伍,一扫北大过去的陈腐之气,使北大成为鲁迅所说的"常为新的、改进的运动的先锋"。诚如冯友兰所说:"从1917年到1919年仅仅两年多时间,蔡先生就把北大从一个官僚养成所变为名副其实的最高学府,把死气沉沉的北大变成一个生动活泼的战斗堡垒。流风所及,使中国出现了包括毛泽东同志在内的一代英才。"

蔡元培除了积极延揽积学与热心的教员以外,还借鉴西方大学的模式,对北大的领导体制、系科设置、教学制度、课程内容、招生制度等进行一系列改革,使北大发生了质的变化。其中,他尤其重视系科设置方面的改革,至1919年,全校有数学、物理、化学、

京华往事（二）：一个历史地理的视角

地质、哲学、中国文学、英国文学、法国文学、德国文学、俄国文学、文学、经济、法律共13个系和文科、理科、法科3个研究所。除了系科设置，北大还于1919年在全国首先实行了选科制，1922年起全国其他大学也陆续采用。

蔡元培还非常注重学生的全面发展，重视学生体育，首创学生军；他提倡融合中西文化，对世界科学采取最新学说；主张吸收外国优秀文化，但反对简单模仿，要求掌握西方先进的科学方法；重视学生的外语学习，开设世界语课程；改革史学课程，重视科学方法和考古工作；另外就是积极聘请外籍专家来校讲学、派遣师生出国留学等。

蔡元培校长还有一项改革就是提倡男女平等，在我国教育史上开创了男女同校的先河。从1920年春季开始，北大先后招收了9名女生来校旁听，从秋季起正式招收女生，当时有9名女生被录取为本科生。这在中国历史上都是没有先例的创举，甚至有人说西方国家的男女同校也是在蔡先生以后才开始的。

蔡元培对北京大学和中国教育的最伟大贡献，还在于实行"思想自由，兼容并包"的办学方针，这一方针使北大的发展进入了辉煌的时期。他一再申明："对于学说，仿世界各大学通例，循思想自由原则，取兼容并包主义。""无论为何种学派，苟其言之成理，持之有故，尚不达自然淘汰之运命者，虽彼此相反，而悉听其自由发展"。也就是说，不管你是什么派别，只要有一技之长，成一家之言，都有可能被他聘请。在这个方针的指导下，蔡元培不仅聘请陈独秀、胡适、李大钊等新派人物担任北大教授，而且，他对确有真才实学的旧派人物，包括曾经拥护袁世凯复辟帝制的刘师培、顽固守旧的黄侃、反对共和的辜鸿铭以及尊孔为教的梁漱溟等人也予以聘任甚至破格聘任。就这样，北京大学出现了前所未有的学术自由、各派并存、百家争鸣的活跃局面，北大开辟了中国学术界的新纪元。

蔡元培还非常注重培植学生社团。在他的倡导扶植下，北大校园内一批批师生参加的社团组织如雨后春笋般地生长出来。如北大学术研究会、教育研究会、新文学研究会、歌谣研究会、世界语研究会、书法研究会、画法研究会、音乐会、雄辩会、武术会、静坐会、等等。当时在校内外影响较大的北大社团有新闻学研究会、进德会、哲学研究会、国民社、新潮社、国故社、平民教育演讲团、马克思学说研究会、画法研究会、音乐会、雄辩会以及与北大关系密切的"少年中国学会"等。

除了对教育，蔡元培还对中国文化、对中国社会做出了很大的贡献。他支持中国新文化运动，支持五四运动，支持马克思主义在中国的传播，支持建立党的组织。图2是蔡元培和新青年同志在一起的图画。

图2 蔡元培等画像

1940年3月5日，集革命家、教育家、政治家、民主进步人士、国民党中央执委、国民政府委员兼监察院院长、中华民国首任教育总长于一身的北京大学老校长蔡元培在香港病逝。蔡元培逝世后，国内各主要党派和团体以及要人名流纷纷致电吊唁。中共中央在唁电中誉其为"老成硕望""勋劳卓著"；国民政府发布褒扬令，赞其为"高年硕学""万流景仰"。

五四运动的总司令陈独秀

陈独秀原名陈庆同,自仲甫,1879年10月出生于安徽怀宁,也就是现在的安庆市。大家都知道他是新文化运动的领导人之一、中国共产党的创始人之一、早期党的主要领导人之一。陈独秀早年留学日本,1915年9月他在上海创办了《青年杂志》,从第二卷起《青年杂志》改名为《新青年》。《新青年》高举民主与科学的旗帜,宣传新文化运动的思想。陈独秀在中国共产党建党方面做出了很大贡献,曾当选为中央局书记,中共第二届、第三届中央执行委员会委员长,第四届、第五届中央委员会总书记等。1922年11月,中共代表参加共产国际大会,陈独秀当选为共产国际执行委员。1927年7月,因为大革命失败,中共中央改组,陈独秀被停职。1932年10月,陈独秀被捕。1942年5月,他在四川江津贫病交加中逝世,享年63岁。

上面是陈独秀的基本情况,而他一生中最为辉煌的一幕是在北京大学红楼上演的。蔡元培曾三顾茅庐,邀请陈独秀到北大任教,1917年年初,陈独秀担任北京大学教授兼文科学长,住在箭杆胡同9号;《新青年》编辑部也随之从上海搬到北京,驻地也在箭杆胡同9号,于是这里成了新文化运动中心。1918年12月,陈独秀与李大钊又创办了《每周评论》,《每周评论》很快成为新文化运动的重要阵地。陈独秀当之无愧地成为新文化运动的旗手,当年从箭杆胡同9号发出的声声呐喊震撼着整个中国。在当时那个时代,人们都认为陈独秀是新文化运动的灵魂。

陈独秀当时为什么那么有名?那么有影响力?主要是和他主编《新青年》有关。《新青年》是中国文化史上一本具有里程碑意义的杂志,是旧中国时代最早的一份思想启蒙刊物,也是中国最早介绍社会主义和共产主义思想的刊物。在陈独秀担任北大文科学长之

北大红楼的人和事

后,它更是凝聚了当时中国一大批最优秀的知识分子,如鲁迅、胡适、刘半农、钱玄同、周作人、沈尹默等,堪称是一代大师的群英会。可以说,在中国近现代历史上,从来没有任何一本刊物汇聚了这样多的名人,也没有任何一本刊物的影响力可与《新青年》相比拟。《新青年》是"五四"反帝反封建的主要舆论阵地、民主主义与社会主义的一面旗帜、革命青年的向导,影响了不止一代人。许多早期的重要共产党员,如毛泽东都受到过《新青年》的影响。即使时至今日,当今的许多青年依然从中汲取营养,获得力量。

陈独秀提倡民主与科学,尤其是五四运动以后在《每周评论》发表了"研究室与监狱"这篇文章,提出入监狱和入研究室,是青年人最高尚最优美的生活。他是一个很有豪情的人,他说我们做教师也好,做学者也好,要不就是研究学问,要不就是反对当时腐朽的政府,宁愿进监狱,也不会向腐朽势力、黑恶势力低头。

1920年2月,为躲避军警的追捕,李大钊把陈独秀送出了北京城。他当时怎么走的呢?陈独秀头戴毡帽,打扮成讨账的财主,李大钊打扮成账房先生,赶着带篷骡车,出了北京朝阳门就直奔天津,之后陈独秀去了上海。二人一路上商量着一件开天辟地的大事——筹划建立中国共产党。这也就是我们常说的"南陈北李,相约建党"。这两位历史巨人将带领中国的先进分子冲破黑暗,迎接革命曙光的到来。

陈独秀到上海以后,按照两个人商量的结果在上海组建了中国共产党早期组织,之后李大钊也在北京组建了共产党早期组织。以前我们研究党史会称之为"共产党小组",现在统称为共产党早期组织。因为当时入党不像现在这样严格,也没有正规的手续,所以有些叫共产党小组,有些叫共产党支部,有些甚至没有名字。于是这些年学者们就确定了"共产党早期组织"这样一种称呼。

1920年8月,上海共产党早期组织正式成立,陈独秀任书记。1921年7月23日,中国共产党第一次全国代表大会在上海召开,陈独秀理所当然地被选为中央局书记。《中国共产党简史》写道："党的一大正式宣告了中国共产党的成立。"这次大会是在反动统治的白色恐怖下秘密举行的,除了会场一度遭到暗探和巡捕的骚扰,会场从上海转移到嘉兴南湖之外,在社会上没有引起任何注意,好像什么事情也没有发生。但就在这时,一个新的革命火种却已在沉沉黑夜中点燃起来。我们现在一般说党的早期组织是成立在上海,但是其实孕育在北京,与北大红楼息息相关。

陈独秀晚年住在四川江津的乡下,那时已经穷困潦倒,贫病交加,身边只有一个老保姆。但是他仍然是傲骨凛然。他拒绝蒋介石出资让他组织"新共党",拒绝胡适的邀请去美国,拒绝谭平山要他出面组织第三党的建议,宁愿"一江凉月载孤舟"。1942 年 5 月 27 日,他在贫病交加中逝世,结束了悲壮的一生。

1953 年 2 月,毛泽东路过安庆,询问地委书记傅大章,问到陈独秀家还有谁,听说还有一个儿子陈松年在窑厂做工,生活比较困难。毛泽东说:"陈独秀这个人,是有过功劳的,早期对传播马列主义和创建中国共产党,是有贡献的。他是五四时期的总司令。后期,他犯了错误,类似俄国的普列汉诺夫。陈独秀后人的生活,还是要予以照顾。"可见共和国主席毛泽东没有忘记陈独秀。北大红楼也将铭记陈独秀这位历史巨人。

偷取天火救中华的李大钊

按照西方的说法,普罗米修斯为了拯救世界,为了给人类带来光明,就偷取天火。李大钊是为了中国人民的事业,为了给中国黑暗的社会带来光明,在中国引入和传播了马克思主义,所以我取了这样一个题目。

李大钊是河北乐亭人,1889 年 10 月出生,1907 年考入天津北洋政法专门学校,1913 年毕业后东渡日本留学,在政治科学习。

北大红楼的人和事

1917年应北大校长蔡元培邀请,在北京任教。1917年到1927年李大钊在北京工作、学习和参加战斗长达十年之久。这十年是他在北大同广大师生相濡以沫度过的,是他这一生中最辉煌的十年,也是最后的十年,因为他只活到了38岁。

李大钊在北大担任过多种职务,其中主要为图书馆主任、教授、评议员。李大钊刚进北大时,地位并不高,影响也不大。1918年1月,他先接替章士钊为图书馆主任。章士钊当时是以逻辑学教授兼任图书馆主任的,而李大钊却只有图书馆主任一职,没有教授之衔,这明显地反映了李大钊当时在北大不被普遍推崇的地位。因为当时北大还有好多名人教师,一个比一个厉害,看不起他的大有人在。当时章士钊回忆说:"守常充图书馆主任,而后为教授,还有一个可笑之回忆,盖守常虽学问优长,其时实至而声不至。北大同僚皆有欧美大学之镀金品质,独守常无有。浅薄者流,致不免以樊哙视常。"守常就是李大钊,这段话意思就是李大钊是有能力的,但是没有名气,于是会被欧美留学回来的教授们看不起,认为他没有什么学问。他们把李大钊看作樊哙,樊哙是屠夫,卖猪肉出身的,所以会被人看不起。这真实反映了北大当时的一部分学风,也能从中看出来一些人士对李大钊是有看法的。

但是两年之后,李大钊就声名鹊起,与各科知名教授并驾齐驱。比如说1920年7月,他受聘为北大教授,10月又被选入北京大学最高权力机关——校评议会任评议员。当时的评议员只能由教授担任,由教授之间互相推荐选举产生,人数不多,每年改选一次。从1920年到1923年李大钊连续四次当选校评议员,每年得到的票数不断增加。1923年的一次改选,李大钊得的票比当时知名度相当高的胡适还要多11张,可以看出李大钊进入北大以后的影响确实非同一般。李大钊对北大红楼、对中国革命、对中国共产党有着突出的贡献,主要体现在这几个方面。

第一,在北大红楼开辟了传播、学习、实践马克思主义的阵地。李大钊是第一个在中国高举传播马克思主义旗帜的人，他写了很多文章，宣传俄国十月革命和马克思主义，认定马克思主义是"世界改造原动的学说"，是"照亮新人生道路的明星"，预言"将来的寰球，必是赤旗的世界"。五四运动以后，李大钊率先在北京大学组建了秘密团体马克思学术研究会，当时定的宗旨是以研究马克思的著作为目标。他不仅成立了研究会，而且还开设了一些马克思主义相关的课程，比如说唯物史观研究、社会主义史、社会主义与社会运动等。他还运用马克思主义观点，研究现代政治问题，主讲了工人的国际运动、印度问题、人种问题、现代普选运动等多门专题。由于这是我国首次开设这样理论联系实际的马克思主义课程并进行考核，因而具有重要的历史意义。

第二个贡献就是李大钊在北大红楼创建了共产主义早期组织，为中国共产党准备了重要的组织基础。这个早期组织是1920年11月成立的，当时有三名成员，李大钊、张申府和张国焘，他们都是北大的师生。到中共一大之前，北大红楼早期党组织成员不断地增加，基本是北大的学生、老师，李大钊把北大红楼变成了早期党组织的大本营，后来全国各地其他地方的一些党的创始人或多或少是北大派去的。这是一种很突出、很特殊的政治文化现象，它深刻地反映了李大钊和北京大学与中国共产党的渊源、亲情关系。

第三，李大钊为北大知识分子指明了必须深入实际、与劳动人民打成一气的方向。李大钊在五四运动时期就说了，"知识阶级的意义，就是一部分忠于民众作民众运动的先驱者"，因此，"要想把现代的新文明，从根底输入到社会里面，非把知识阶级与劳工阶级打成一气不可。"这就在实际上提出了知识分子与工农民众相结合的基本思想。他强调知识青年不该常常漂泊在都市只作一种文化的游民，而应当到劳动民众中去寻找自己"安身立命的地方"。大家或许对于毛泽东主席知识分子到农村去的主张是更熟悉的，可以说毛泽东的这种想法和李大钊是一脉相承的。在李大钊思想的影响和教育下，五四前后一大批北京大学红楼的知识分子、知识青年进入工厂、农村开展运动，到天津、唐山、长辛店、开滦、内蒙古等地了解中国国情，走知识分子与工农相结合的道路。

第四，李大钊在北大红楼培养了一批又一批进步有为的青年，为中国革命撒下了种子。李大钊十分敬重青年、信任青年，他认为"青年者，人生之王，人生之春，人生之华也"，因而对青年的成长与教育十分关心，广泛地与青年交朋友，积极为青年排忧解难，在北大当教授期间帮助了好多年轻人，比如刘仁静、傅斯年、罗家伦、毛泽东、萧一山等，都从不同层面得到过李大钊的帮助。

1927年4月28日，偷取天火救中华的北大红楼普罗米修斯、年仅38岁的李大钊在西交民巷京师看守所被绞杀。

然而他在北大人的心中并没有消失，李大钊的精神和北大红楼，与中国共产主义运动和民族解放事业，已经融为一体，并始终占有崇高的历史地位。

文化先锋——胡适

胡适是著名的学者、诗人，新文化运动的领导人。他原名嗣穈，字希疆，后改名胡适，是安徽徽州人。其主要的贡献是领导新文化运动，倡导白话文。幼年在家乡私塾读书，思想上深受程朱理学影响。1910年考取庚子赔款第二期官费生赴美国留学，于康乃尔大学先读农科，后改读文科，1914年往哥伦比亚大学攻读哲学，师从著名教育家、哲学家约翰·杜威。1917年夏回国担任北大教授。

他在北京大学的职务比较多，1917年开始做北大教授，1919年开始担任北大教务长，1928年到1933年任中国公学校长，1932年北京大学文学院院长、天主教辅仁大学教授及董事，1938年任中华民国驻美国特命全权大使、美国国会图书馆东方部名誉顾问，

京华往事（二）：一个历史地理的视角

1946年任北京大学校长、"中央研究院"院士、普林斯顿大学葛思德东亚图书馆馆长，1957年担任"中央研究院"院长等职。

胡适是五四时期中国青年比较追崇的一个明星，是大家都喜欢、都佩服的一个人。要问当时的年轻人，你最佩服的人是谁，大多数人都会说，一个是胡适，另一个是陈独秀。毛泽东当年也是这么认为的，1936年他接受斯诺采访时就说过这样的话：《新青年》是有名的新文化运动的杂志，由陈独秀主编。我在师范学校学习的时候，就开始读这个杂志了。我非常敬佩胡适和陈独秀的文章。他们代替了已经被我抛弃的梁启超和康有为，一时成了我的楷模。

胡适有很多成就，其中主要是倡导新文化运动。我们知道当年中国还是传统社会，孔孟之道仍然大行其道，普遍对儒家学术比较推崇。但是到了五四前后，像陈独秀、李大钊、胡适这些人发起了新文化运动，主要是提倡白话文、新诗，致力于推翻两千多年的文言文。胡适在哥伦比亚大学的时候还在《新青年》发表了《文学改良刍议》，提倡用白话文写作，这篇文章在当时影响很大。1920年出版了中国新闻史上第一部白话诗集《尝试集》，也引起了很大的反响。他第一个用白话写了一个独幕剧《终身大事》，确立了现代话剧的新形式。他还有一个小说《一个问题》，开启了中国现代小说的第一个流派"问题小说"，像叶圣陶、罗家伦、冰心都是这个流派的作家。

但是，胡适不赞成马克思主义，像蔡元培、李大钊那些跟他私下关系比较好的几个人，他们都宣传马克思主义，而胡适一生始终不赞成马克思主义的阶级斗争理论，不赞成暴力。他开始还抱着终身不问政治的想法，但是后来因为有一些变化，1919年7月20日，胡适在《每周评论》发表了《多研究些问题，少谈些"主义"！》一文，挑起了"问题与主义之争"，也就是马克思主义宣传者和反对者之争，同李大钊、陈独秀等分道扬镳，也就改变了他原来说的20年不谈政治的态度。

胡适还是一个超级大学问家，他研究的东西很多，比如说他研究哲学，编写《中国哲学史大纲》，蔡元培说这是中国"第一部新的哲学史"。他还研究贞节问题、研究水经注、研究孔子、研究禅宗。北京大学季羡林老先生对胡适有这样的评价，他说胡适"是一个书生，说不好听一点，就是一个书呆子。"有一次，胡适在一次会议前声明要提前退席，会上忽而有人谈到《水经注》，胡适立即精神抖擞，眉飞色舞，口若悬河起来，乃至忘了提早退席这件事。

胡适还是一个非常有国际影响力的人，他吓怕了日本的外交家。1938年10月，本不想做官的胡适就任中华民国驻美大使，正值国内抗战局势最为糟糕、最为危急的时候，日军铁蹄已蹂躏大半个中国，中华民族面临严重危机。10月21日广州沦陷，25日武汉失守，胡适可谓是"受命于败军之际，奉命于危难之时"。10月23日，胡适勉励使馆人员不要灰心，他说："我们是最远的一支军队，是国家的最后希望，绝不可放弃责守。我是明知国家危急才来的。国家越倒霉，越用得着我们。我们到国家太平时，才可以歇手。"胡适到任时，美国朝野上下正弥漫着浓烈的孤立主义气氛，不看好中国的局势，也不愿为中国卷入战争。为推动美国支持中国抗战、争取更多支援，从1938年9月任职到1942年9月卸任，四年中胡适四处奔波，他既与美国学术界有着密切的联系，也与美国其他方面包括政界、财界有着广泛的接触。他基本上融入了美国的主流社会，并能对其产生一定的影响。他与美国朝野人士广泛接触，在各种集会上发表演说，力陈中国抗战的世界意义，力图打破美国颇为浓重的孤立主义情绪。同时，他还详述中国抗战的艰苦情形和准备坚持抗战到底的决心，赢得了广泛的同情。就像《纽约时报》当时的评论说的："重庆政府寻遍中国全境，可能再也找不到比胡适更合适的人物……他所到之处，都能为自由中国得到支持。"当时日本方面感到在对美外交上无法与他匹敌，日本国内的社会舆论发起建议应该派三个人同时出任日本驻美大使，才可以抑制住胡适的能力。三个人分别是鹤见祐辅、石井菊次郎和松冈洋右。其中鹤见为文学专家、石井是经济专家、松冈则为雄辩家。从日本人的重视程度，我们也能想象到胡适当年的影响之大、魅力之高。

  1962年2月，胡适在台北逝世，蒋介石为他亲自撰写了一幅挽联，"适之先生千古，新文化旧道德的楷模，旧伦理新思想的师表。"对他的评价还是比较中肯的。

"四洋"奇人辜鸿铭

  辜鸿铭1857年出生于马来亚，字汤生。他自小聪慧，被苏格兰传教士布郎赏识并收为义子，后被带至欧洲接受西洋教育，先后就读苏格兰爱丁堡大学和德国莱比锡大学，而后又去法国、意大利、奥地利游学，在总共长达14年的欧洲生活中，他不仅精通了英、法、德、拉丁、希腊和马来亚等9种语言，而且更厉害的是他获得了13个博士学位，成了深谙欧美文化精髓的通才，被称作中国近代文学史上的奇人。现在的人获得一个博士学位都很难，他一个人获得了13个博士学位，确实是很了不起。

  1880年，23岁的辜鸿铭回国做张之洞的幕僚。他曾娶日籍姑娘吉田贞子为妾，他幽默地称自己是"生在南洋，学在西洋，婚在东洋，仕在北洋"，所以称为"四洋"奇人。他是精通西洋科学、语言兼及东方华学的中国第一人，现在估计除了季羡林之外找不出第二个这样的人了。他翻译了中国"四书"中的三部：《论语》《中庸》和《大学》，这是一项艰巨的任务；并著有《中国的牛津运动》（原名《清流传》）和《中国人的精神》（原名《春秋大义》）等英文书，热衷向西方人宣传东方的文化和精神，并产生了重大的影响。西方人曾流传一句话："到中国可以不看故宫（三大殿），不可不看辜鸿铭。"

  《春秋大义》是他的一本著作，在这本书里他试图向西方世界阐明中国人的精神，并揭示中国文明价值。书中是以当时西方世界的思维模式来对中国的文化传统进行描述、解释、阐述和赞赏。对西方人讲容易理解，很有感召力，也有其新颖和独到之处。1915年他在北京大学任教授，主讲《春秋大义》，以理想主义的热情向世界展示中国文化才是拯救世界的灵丹，尖锐地批判西方文明。后来《春秋大义》德文版出版，在正进行"一战"的德国引起巨大轰动。辜鸿铭曾在东交民巷使馆区的六国饭店用英语讲演《春秋大义》，不但要售票，而且票价要高于"四大名旦"之首的梅兰芳。梅兰芳的戏票价格为一元二角，而辜鸿铭的讲演票则开价两元，却还很叫座，足见《春秋大义》的影响力，也足见他在外国人心目中的地位。

这位老先生身上有无数的光环，因为学识渊博，很多人喜欢他。1891年，俄皇储来华，赠送他一个镂皇冠金表。1893年11月，他上奏光绪皇帝，筹建由国人自力建设、自主管理的高等学府——自强学堂，也就是现在武汉大学的前身，得到钦准。自强学堂正式成立后，辜鸿铭任方言教习，成为自强学堂一代名师。1898年日本首相伊藤博文拜访他，1901年清朝政府以"游学专门"名誉赐他为"文科进士"。1905年，辜鸿铭任上海黄埔浚治局督办，1913年和泰戈尔一起获诺贝尔文学奖提名。1906年与俄国作家托尔斯泰书信来往，1908年宣统继位，他担任外交部侍郎。

1917年，辜鸿铭被蔡元培邀请到北大教授英国文学。当时北大大部分教师主要提倡民主、科学的新思想，很多人不喜欢辜鸿铭。但是蔡元培提倡思想自由、兼容并包，所以把他聘请过来了。后面辜鸿铭说中国只有两个老人，一个是蔡元培，另一个是他自己。

辜鸿铭身上发生过很多有趣的事。第一是他故意倒拿报纸。据说他在英国读书期间，曾经在街头故意倒拿报纸，有英国人看见，大笑着说："看这个中国人多笨，报纸都拿倒了。"辜鸿铭就回嘴说:"你们英文太简单,正着读显不出本事。"然后熟练地倒读报纸,一口地道的伦敦腔,把英国人都惊呆了。另一件事就与刚刚提到的怀表有关。1891年,俄国皇太子尼古拉及希腊亲王一行来到中国游历。当他们来到武昌时,辜鸿铭随张之洞前往迎接。在欢迎宴会上,尼古拉与希腊亲王用俄、法和希腊语窃窃私语,诋毁中国文明及张之洞,以为在场的中国人听不懂,结果却被辜鸿铭当场戳穿,令这些外国人大吃一惊。尼古拉事后心有余悸地称,"各国无此异才"。临别时,他特意送给辜鸿铭一只刻有皇冠的怀表以示崇敬和歉意。

辜鸿铭装束怪异。他本来在西方留学的时候把辫子都剪了,回国之后也是西装革履。清朝灭亡以后,他反而不再西装革履,而是长袍马褂,头顶瓜皮小帽,足蹬双梁布鞋,脑后拖着一条黄毛小辫。尤其有意思的是他在北大教书期间,不知道从哪儿找来一个车夫,车夫每天在北大校门口等在车里,跟他一样的打扮,戴着瓜皮帽,一个长辫子,这是当时北大一大风景。

辜鸿铭推崇儒家学说到了无以复加的地步,而且能言善辩,处处体现着他的机智与幽默。他在北大教的是拉丁文等功课,不能发挥他的正统思想,他就随时随地要找机会发泄。有一次,他家中宴请欧美友人,局促而简陋的小院已够寒酸,照明用的是煤油灯,昏暗而又呛鼻。于是,就有人说:"煤油灯不如电灯和汽灯明亮。"辜鸿铭说道:"我们东方人,讲求明心见性,东方人心明,油灯自亮。东方人不像西方人那样专门看重表面工夫。"辜鸿铭的一番高论,还真把他的欧美友人给唬住了。

辜鸿铭刚从西方回来时,一开始对国学不大了解,北大经常有些人说他是假洋鬼子,而且还留着长辫子。于是后来他拼命读书研究国学。在潜心精研国学后,他认为儒家学说之仁义之道,可以拯救弱肉强食竞争中出现的冷酷与毁灭;他相信,正被国人摒弃的传统文化,恰是拯救世界的良方,而儒学即是这个文化精髓所在。故他不仅自己顶礼膜拜,更不遗余力推向世界,以为肩起强化中国、教化欧美的重任。他以英文发表的《中国学》,几乎就是一篇国学宣言。此后他卖力向世界传播儒家学说,宣讲东方文化,在西方引起极大反响。可以说,在向西方人宣讲中国国学这件事上,至今仍然没有人可以望其项背。

还有一点有趣的事,他对他有意见的人,往往会开骂。他骂过袁世凯,骂过慈禧太后,还骂过胡适。胡适在《每周评论》上评价过辜鸿铭这条世界最有名的辫子,认为辜鸿铭是为了和别人不同,因为他以前在国外就剪了辫子,大清亡了他反倒留了起来。辜鸿铭大怒,声称要告胡适名誉侵害。但是毕竟胡适是北大的领导,看在蔡校长的面子上辜鸿铭最终没有告胡适,而只是批评他那篇写辫子的"诽谤文章"文辞太差,不值得去告,这事也就不了了之了。

他最喜欢骂的就是袁世凯。北京大学学生当时总结一个规律,只要辜老先生上台上课,谁都不能提起袁世凯,如果谁提袁世凯,他就会没完没了地骂下去了,骂到下课为止。袁世凯曾经向德国公使吹嘘说:"张中堂(张之洞)是讲学问的;我是不讲学问的,我是讲办事的。"袁世凯的幕僚将这件事得意地告诉辜鸿铭。辜鸿铭不假思索地回答:"老妈子倒马桶,固用不着学问;除倒马桶外,我不知天下有何事是无学问的人可以办得好的。"这对于袁世凯是莫大的讽刺。再就是袁世凯称帝之后,辜鸿铭骂道,"袁世凯之行为,尚不如盗跖贼徒,其寡廉鲜耻无气义乃尔耳。"袁世凯听了当然很生气,但是因为辜鸿铭名气太大,不敢加害于他,最想收买他。但是辜鸿铭也不理他的收买,最后也就不了了之了。辜老先生1928年4月30日在北京逝世,享年72岁。他逝世以后,张中行老先生对他这样评价:"我想,如果说这位怪人还有些贡献,他最大的贡献在于,在举世都奔向力和利的时候,他肯站在旁边喊:危险!危险!"

挺身立党，变节投敌的张国焘

张国焘是江西省萍乡县人，少年时进入私塾读书，1916 年考入北京大学理工预科，1919 年转入本科，本科没有读完，就成为职业革命家，在校期间参加了五四运动，担任北京学联主席，是北京学生领袖之一，跟随李大钊创建了北京的共产党早期组织。1921 年 7 月，在中共一大当选为中国共产党中央局三人团成员，担任组织主任，是中国共产党的创始人之一。1921 年 8 月，隶属于中国共产党的中国劳动组合书记部，也就是中华全国总工会的前身成立，总部设在上海，张国焘任首任总主任。1922 年中共二大，他担任执行委员会委员和中央组织部长，参加领导二七大罢工。

1924 年是张国焘最不光彩的一年，他与新婚不久的妻子杨子烈在北京被直系军阀政府逮捕，投敌变节，供出了当时北京的全体共产党员的名单与全国铁路系统党员名单。出狱后他隐瞒这一情况，重返中共中央并继续担任重要职务。1925 年 1 月，中共四大张国焘当选为中央执行委员会委员和中央农工部主任，并参与领导了五卅运动。1927 年 4 月，中共五大张国焘当选为中央委员会委员、中央政治局常委。同年 7 月为临时中央政治局常务委员会成员、负责人。八七会议后担任临时中央政治局委员，并与瞿秋白一起任中共驻共产国际代表团代表。

1932 年他进入鄂豫皖苏区，成为根据地事实上的领导者。他对大别山苏区是有巨大贡献的，也为红军的发展壮大立下了汗马功劳，但是他也犯下了严重的错误，错杀了 2 000 多名共产党人。1935 年 4 月红军放弃川陕根据地开始长征。6 月懋功会师后，他反对中央北上的决定，10 月率部南下川康，在卓木碉宣布另立"中央"，1936 年 6 月被迫取消。1937 年 3 月在中共中央政治局扩大会议上受到批判，当时专门开一个会让他承认错误。他当时也是很牛的一个人，在李大钊牺牲、陈独秀被开除党籍以后，原先作为三把手的他自然认为自己应该是老大了，而且他确实也在根据地立下了汗马功劳、建立了强大的队伍。所以让他去做检讨，自然是很不情愿。于是在1938年4月，他趁着祭黄帝陵的时候逃出了边区，投靠了国民党，不久加入了军统，从事特务活动，上演了中共创始人反对中共的闹剧。

1948年年底，因政治环境变化，张国焘举家迁到台北市。1949年冬，又移居香港。1968年，举家飞往加拿大。1979年逝世于加拿大多伦多。张国焘去世后，后事处理十分低调，原始墓碑上连正式的姓名都没有留下，家眷也随后销声匿迹。张国焘一生的是非功过是不太好评价的，1993年川陕苏区建设了一个陵园，有一座张国焘的墓碑，上面的碑文这样评价他："国破家亡，挺身立党，有始却无终，已辨忠奸留史册；涛惊浪骇，分道扬镳，将功难补过，非凭成败论英雄。"我认为这个评价还是比较中肯的。

青年共产主义者的卓越代表邓中夏

邓中夏是湖南宜章人，1915年就学于长沙湖南高等师范文史专修科，1917年入北京大学国文门学习。在李大钊的引导和十月革命的影响下，邓中夏开始研究马列主义，并积极投入当时的反帝爱国斗争，成为学校中的积极分子。

邓中夏推崇平民教育，积极参加工人运动，有许多理论著作，是党早期最有名的理论家之一。1919年，他组织了北京大学平民教育讲演团，五四运动后被推为北京联合会总务干事。1920年和毛泽东一起商量成立湖南学生联合会，10月加入北京的共产党早期组织。1921年担任社会主义青年团北京地方执行委员会书记。1923年任上海大学教务长。1925年任中华全国总工会秘书长兼宣传部长，之后还担任中华全国总工会驻赤色职工国际代表。

1933年5月被捕入狱，9月在雨花台被国民党枪杀，牺牲时年仅39岁。

邓中夏的主要定位就是工农运动领袖。在北京大学学到马克思主义后，邓中夏就决定从事工人解放运动的实践。他于1920年年末到北京长辛店铁路工厂办劳动补习学校，建立工人识字班，中共开展的现代职工运动就从这里开始。1921年年初，邓中夏创办长辛店劳动补习学校，11月出版进步刊物《劳动音》，在工人群众中宣传马克思主义。1922年5月1日，邓中夏被选为长辛店工人的代表，出席在广州召开的第一次全国劳动大会，当选为中国劳动组合书记部主任。1923年2月邓中夏参与发动和领导京汉铁路工人二七大罢工，并在全国发动了劳动立法运动。1925年4月，筹备并组织全国第二次劳动大会，成立中华全国总工会，任秘书长兼宣传部长。为响应五卅运动的号召，他组织和领导了著名的省港大罢工。为了让工人安心斗争，组织动员各界把几万人的吃住都安排妥当，被人称为"工人政府的总理"，可以想象他在工人运动中的影响。

他的最大的贡献就是理论研究，是中共早期为数不多的理论家。他研究得比较深，发表了很多文章，比如说《革命主力的三个群众》《论工人运动》《中国工人状况及我们运动之方针》《论劳动运动》《我们的力量》等文章，比较集中地阐述了无产阶级在民主革命中的领导权问题。他在分析中国社会各阶层的特点之后，提出"只有无产阶级有伟大集中的群众，有革命到底的精神，只有它配做国民革命的领袖。"邓中夏注重在革命实践中学习马列理论，并与中国实际相结合。对理论学以致用，他明白要实现改造中国与世界的理想，就要用先进的理论唤起民众。他的一些思想后来被毛泽东发扬光大了。张国焘在《我的回忆》中赞邓中夏兼具"秀才"与"牧师"两种风格。

北大红楼的人和事

图书馆助理员及共和国缔造者毛泽东

毛泽东是湖南湘潭人,在党史书上对他是这样评价的:中国人民的领袖,马克思主义者,伟大的无产阶级革命家、战略家、理论家,中国共产党、中国人民解放军和中华人民共和国的主要缔造者、领导人,诗人和书法家。其中,只有一个评价是和其他党和国家领导人有差别的,那就是战略家。毛泽东被视为现代世界历史中最重要的人物之一,美国《时代》杂志也将他评为20世纪最具影响力的百人之一。

北大红楼对从湖南偏僻山区走出来的毛泽东成为一代革命伟人、革命领袖有着决定性的意义。毛泽东到北大红楼一共两次,第一次是1918年秋至1919年春,他由李大钊介绍,在北大图书馆工作了半年时间。第二次在1919年冬至1920年夏。这次他尽管不是北大职工,但许多活动是在北大进行的,与北大仍然有着密切的联系。这两次北京之行尽管加起来还不到一年,却成为毛泽东人生一个新的发展起点,实现了人生征程上的一次飞跃。

毛泽东两次在北大红楼的经历主要有以下几个收获:一是结识了大批的社会名流。在来北京之前,毛泽东在湖南第一师范学习,通过阅读由北大教师主编出版的《新青年》杂志,加深了对新文化运动的了解,并对北大及其领袖人物十分向往,产生崇拜心理。因此,他一来北京,经过很希望他"入北京大学"的原湖南第一师范老师、时任北大教授杨昌济的介绍,结识了李大钊,任职北大图书馆,毛泽东很快就与北大的主流社会结合在一起,突破了自身地位低(图书馆助理员是初级职位)、待遇差的藩篱。当时他与北大的校长、文科学长、图书馆主任、知名教授、学生领袖等人物频繁联系,实现了一种不同寻常的职别超越和心理超越,表现了惊人的人际交往能力。曾经与他交往过的人包括蔡元培、陈独秀、李大钊、梁漱溟、马叙伦、蒋梦麟、傅斯年、罗家伦、张国焘、邓中夏等。尽管有时他会遭受白眼,如傅斯年、罗家伦说"没有时间听一个图书馆助理员讲南方土话",或如胡适说"竟不肯屈尊回答一个小小的图书馆管理员"的问题。但总的来说,毛泽东和这些精英人物的交往是成功的。

这种成功,一方面是由于毛泽东这个主体,受到求索精神的强劲驱动;另一方面是由于五四时期的北大红楼这个客体,富有民主包容精神,并不拒绝这样一个"小人物"。两者拥抱到一起,创造了历史奇迹。青年毛泽东就是在同北大的这种联系中,积聚了一笔丰厚而无形的精神知识财富,建构了良好的心理素质和发展环境,为他日后成为一代革命伟人,作了重要的铺垫。

杨昌济是非常看重毛泽东的,他临终之前曾致信好友章士钊,推荐毛泽东和蔡和森,信中说:"吾郑重语君,二子海内人才,前程远大,君不言救国则已,救国必先重二子。"他跟胡适不一样,胡适看不起毛泽东,说毛泽东的知识水平太差,根本考不上北大;杨昌济就不一样,他不仅十分看重毛泽东,而且还把自己的女儿许配给了他。这确实可以证明杨昌济慧眼识英才,历史已经证明了毛泽东确实是了不起的历史伟人。

毛泽东来北大红楼的第二个收获就是学习、研究并接受马克思主义。他在来北京之前就已经对马克思主义有了一些了解,但是这时毛泽东所接受的马克思主义,是经过他在北大比较,鉴别各种思潮主义之后而选择的,这与从讲台、书本上直接灌输的马克思主义是不一样的,它更能经受住时间的检验,正如毛泽东后来所说:"我接受马克思主义,认为它是对历史的正确解释,以后,就一直没有动摇过。"这时毛泽东接受的马克思主义,主要是马克思的阶级斗争学说,这与马克思主义在我国早期的传播情况有关,而对马克思学说的其他方面涉猎不多。这也正如他后来所说:"记得我在一九二〇年,第一次看了考茨基著的《阶级斗争》,陈望道翻译的

《共产党宣言》，和一个英国人作的《社会主义史》，我才知道人类自有史以来就有了阶级斗争，阶级斗争是社会发展的原动力，初步地得到认识问题的方法论。可是这些书上，并没有中国的湖南、湖北，也没有中国的蒋介石和陈独秀。我只取了它四个字：'阶级斗争'，老老实实地来开始研究实际的阶级斗争。"这个"第一次"读马克思主义书籍得到的认识问题的"方法论"，影响了毛泽东的一生。直至晚年，还可以在他身上明显地见到阶级斗争学说的影响。这或许可以说，是五四时期北大红楼校园文化给毛泽东所注入的文化基因所致吧。

北大红楼对毛泽东还有一个影响，就是学习、研究、接受一般文化科学知识，特别是新闻和哲学两门学科。青年毛泽东来北京之前，就喜欢读报，对人生问题喜作哲学的思考。因此一进北大，他就参加了"新闻研究会""哲学研究会"，受到了新闻、哲学两门学科的专业教育。

可以说五四时期的北京大学，这个新文化运动的摇篮，五四运动的发祥地，传播民主、科学思想和马克思主义的中心，它所凸显出来的凝重的校园文化，恢宏的气度，多姿多彩的学术交流，肯定给了青年毛泽东以深沉的心灵感触和丰厚的知识营养，建构了毛泽东日后成为一代革命伟人的文化知识根基，从而使毛泽东在成长为革命领袖的同时，也成长为文化巨人和思想巨人。我们完全可以说，北京大学红楼改变了毛泽东的命运，从而也改变了中国落后挨打的命运。

重大历史事件

讲完这些北大红楼的著名人物之后，再讲几件发生在红楼或者与之密切相关的几件事，包括新文化运动、爱国学生运动、马克思主义传播、共产党早期组织创建、侵华日军侵占北大红楼，这是对北大红楼、对中国近现代影响很大的几件事。

新文化运动主要是针对袁世凯帝制复辟的一项运动。袁世凯大力提倡尊孔祭天，而以康有为为代表的一派学者也要求定孔教为国教。于是以陈独秀、李大钊、鲁迅等人为代表的激进民主主义者发动了一次反封建的新文化运动，大张旗鼓地宣传新文化、新思想，高举民主、科学两面旗帜，向封建的伦理道德、同尊孔复古思想展开了激烈的斗争。

1917年起，文化巨匠们又举起"文学革命"的大旗，提倡白话文，反对文言文，提倡新文学，反对旧文学。随着新文化运动的发展，《新青年》实际上成了新文化运动的思想领导中心。《新青年》从1918年1月出版第四卷第一号起改用白话文，采用新式标点符号，刊登一些新诗，这对革命思想的传播和文学创作的发展起了重要的推动作用。特别是伟大的文学家、思想家和革命家鲁迅，1918年5月在《新青年》上发表了中国现代文学史上第一篇白话小说《狂人日记》，对旧礼教旧道德进行了无情的鞭挞，这篇小说奠定了新文化运动的基石。在《新青年》的影响下，一些进步刊物改用白话文。这又影响到全国用文言文的报纸，开始出现用白话文的副刊，随后短评、通讯、社论也都采用白话文和新式标点。所有这些文学改革，使全国报纸面貌为之一新。在陈独秀、李大钊等人的领导下，提倡科学、反对迷信，提倡民主、反对独裁，提倡白话文、反对文言文的新文化运动，宣传西方的进步文化，传播了社会主义思想，反映了新型的革命阶级的要求，在社会上产生了巨大的反响。

新文化运动里最厉害的一些人，也是以北大红楼为中心的，例如陈独秀、李大钊、蔡元培、胡适、刘半农。陈独秀主要是高举民主、科学两面旗帜，向封建主义及其意识形态发动了进攻；蔡元培主要是提倡兼容并包、百家争鸣的方针；胡适也是主要的领导者，他主要是倡导白话文；李大钊宣传马克思主义，宣传俄国十月革命；刘半农是当时被称为新文化运动的四个台柱之一，主要是宣传白话文。再有就是钱玄同，他主要是倡导语言文字改革，曾经主张废除汉字；周作人主要是宣传传播现代的散文、文学理论，他也是新文化运动的杰出代表之一。

还有一个超级牛人鲁迅，毛泽东对他怎么评价？毛泽东说他是新文化运动伟大的文学家、思想家、革命家，是民族魂。他的《狂人日记》，对人吃人的制度进行猛烈地揭露和抨击，奠定了新文学运动的基石。之后，他还陆续创作出版了《呐喊》《坟》《热风》《彷徨》《野草》《朝花夕拾》《华盖集》等专集，表现出爱国主义和彻底的民主主义的思想特色。其中中篇小说《阿Q正传》，是中国现代文学史上杰出的作品之一，为新文学历史树立了一座丰碑，对中国作家和世界作家产生了巨大影响。

新文化运动当然还有一些反对者，他们主要是提倡国学的。比如说辜鸿铭，他全力捍卫传统文化、宣传中国传统文化；还有林纾，他主要捍卫古文，是一位很厉害的古文大师；还有杜亚泉，也是反对新文化的。当然新文化的反对者不少，他们反对用白话文替代文言文，也是提倡国粹的。

新文化运动的影响，主要是在文化上打破了封建传统的统治地位，沟通了中西方文化，使中国对西方的理解更加深入；思想上进一步打击了封建专制思想，传播了西方民主、自由的精神，塑造了中国现代文化人自由主义思想，并使自由主义、三民主义、共产主义并列为中国三大思潮；政治上为中华民族培养了关心国事、图存图强的现代人才，同时也形成了以自由主义知识分子为主体的"第三条道路"政治势力，对钳制当政者专制冲动，推动中国政治民主做出了重大贡献。不过当时的新文化运动中确实大部分人都有一些偏激的情绪，对中西方文化存在着要么绝对肯定、要么绝对否定的看法，这种看法也有比较长期的影响。

红楼里面的爱国学生运动中，大家都比较熟悉的是五四运动。

为抗议巴黎和会上列强把德国在中国山东的一切权利转让给日本的无理决定，以北京大学学生为主的北京高校三千多名学生代表举行了声势浩大的游行活动。五四运动是一场彻底的不妥协的反帝反封建的爱国运动，标志着中国工人阶级以独立的姿态登上政治舞台，并促进了马克思主义与中国工人运动相结合，为中国共产党的成立作了思想和干部准备。五四运动以后，北大红楼北面的大操场便成为爱国青年学生集会、活动的重要场所。

1926年3月18日，数千名北京学生集合于天安门前开"国民大会"，声言反抗"八国通谍"。会后举行了游行示威，游行队伍由李大钊率领，从天安门出发，进入铁狮子胡同东口，在段祺瑞执政府门前请愿，遭到段祺瑞政府的残酷镇压，伤亡不少。运动中，北大红楼是当时的中心场所，北大的师生站在最前面，作出了很大牺牲。

1935年12月9日，在北平学联的领导下，北平数十所大中学校的数千名学生冲向街头，举行爱国请愿大游行。学生们高呼着："打倒日本帝国主义""停止内战，一致抗日"等口号，在王府井大街遭到全副武装的军警的镇压，100多人受伤，30多人被捕。

"一二·九"运动，是我国学生运动史上的一个重大事件和里程碑，在我国现代革命史上也有很重要的地位。北京大学在"一二·九"运动中是重要支柱之一。她和当时的其他学校一道，在这个推进了中国历史进程的革命运动中，做出了自己的贡献。"一二·九"运动促进了中华民族的觉醒，推动了西安事变的爆发，吹响了民族解放战争的号角，揭开了全民抗战的序幕。在中国青年运动史上留下光辉篇章，再一次证明了青年是时代的先锋。毛泽东指出："一二·九"是伟大的抗日战争的准备，这和五四运动是第一次大革命的准备一样，"一二·九"推动了七七抗战，"一二·九"是动员全民族抗战的运动，它准备了抗战的思想，准备了抗战的人心，准备了抗战的干部。

北大红楼的人和事

　　1946年12月，因为一名英语系预科班的女生被美国士兵强奸，北大、清华高校集合，举行示威，抗议美军暴行，随后北平、天津、上海、武汉等全国各地学生有50万人，从1946年12月到1947年5月举行了不同程度的抗议，要求美军退出中国。5月20日示威结束以后，参加抗议的学生在北大沙滩广场举行了聚会，他们把大广场命名为民主广场，6月1日北平大学两千多人在这里进行了命名仪式。

　　十月革命后，马克思主义在中国得到较为广泛的传播，北大红楼则成为马克思主义的重要传播阵地。主要是李大钊在《新青年》发表一些宣传马克思主义的文章，例如《布尔什维主义的胜利》《法俄革命之比较》《庶民的胜利》，他在这些文章中大力宣传俄国十月革命，歌颂社会主义革命，号召人民向俄国学习，关注劳工的命运。

　　1920年，李大钊等人在红楼发起成立了马克思学说研究会，这是我国最早研究和宣传马克思主义的革命团体。该研究会成立后，首先搜集了马克思学说的各种外文及中文文章，集资专门建立了收藏共产主义图书的藏书室——北京大学"亢慕义斋"，亢慕义斋收集了汉、英、德等各种文字的马克思主义文献及报纸杂志。其次是组织讨论会、讲演会，专题研究和宣传马克思主义。研究会起初成立了"劳动运动""共产党宣言""远东问题"等3个特别研究组。后来又扩大研究范围，成立了11个固定研究小组，分别对唯物史观、阶级斗争、剩余价值等马克思主义的基本理论及世界实况进行研究，特别注意对中国革命问题的广泛研究和学习。

　　1920年起，中国发生了社会主义是否适合中国国情的论战。李大钊在红楼的一个大教室，组织召开了为期两天的辩论会。正反两方辩论结束后，作为评判员的李大钊运用唯物史观的观点，证明由资本主义社会转变到社会主义社会，是人类社会发展的规律，不是人的意识和情感所能左右的。李大钊的声音不大，但表现出一种高度自信心和坚定性，使人心悦诚服。李大钊的发言引起大多数听众研究马克思主义的兴趣。1922年2月19日主办第一次公开讲演会，李大钊作了《马克思经济学说》的专题讲演，颇受青年们的欢迎。

就这样，马克思主义作为一种新的思潮开始在北大红楼师生间逐渐传播开来。新的思潮，振聋发聩地启发了正在苦苦探寻国家、民族救亡图存之道的中国人。最先进的一批知识分子迅速被其吸引，投身其中。不到两年时间，中国共产党诞生。没有多少人会想到，以此为发端，马克思主义会在此后数十年间，如此翻天覆地地改变了中国。

再讲讲北京共产党早期组织的创建。1920年春，共产国际代表维经斯基来华，通过北大俄籍教员柏烈伟介绍，先认识了李大钊。两人在红楼图书馆主任室谈话后，李大钊找罗章龙、张国焘、李梅羹、刘仁静等同维经斯基会面。根据罗章龙回忆，他们的会面在北大图书馆举行，维经斯基介绍了十月革命，并带来一些书刊，如《国际》《震撼世界十日记》等，除俄文版外，还有英文、德文版本。维经斯基详细介绍了苏俄的各项政策、法令；还谈到苏俄十月革命胜利后，为解决困难，不得不临时实行军事共产主义、余粮征集制等。这次谈话，使中国学生感到耳目一新，使他们对苏维埃制度从政治、经济、军事到文化都有了一个比较清楚的认识，看到了一个新型的社会主义社会的轮廓，对十月革命、对苏维埃制度、对世界革命都有信心了。

在维经斯基等人的帮助下，陈独秀以上海马克思主义研究会为基础，加快了建党工作的步伐，并在1920年7月，主持成立上海共产党早期组织。同年10月，李大钊、张申府、张国焘三人在北大红楼李大钊的办公室正式成立了北京共产党早期组织。11月，北京社会主义青年团的骨干邓中夏、高君宇、何孟雄、缪伯英（女）等人转为党员。11月底，北京共产党早期组织举行会议，决

北大红楼的人和事

定命名为中国共产党北京支部。李大钊被推选为书记,张国焘负责组织,罗章龙负责宣传。支部建立后,继续发展党员,到1921年7月党的第一次全国代表大会召开前,北京党组织成员有李大钊、张国焘、邓中夏、罗章龙、刘仁静、高君宇、何孟雄、缪伯英、范鸿劼、宋介、陈德荣、张申府、李梅羹及张太雷等14人。现在的党史专家提出当时还有更多成员,这就需要继续论证了。

北京共产党早期组织成立以后,一方面,进一步开展对马克思主义的研究和宣传,除了小组成员以及马克思学说研究会的成员积极搜集和学习有关马克思主义论著外,1920年12月初,还由李大钊出面,在北京大学组织了"社会主义研究会",这个团体的宗旨是"集合信仰或有能力研究社会主义的同志,互助地来研究并传播社会主义思想"。另一方面,通过出版《劳动者》《工人的胜利》《五月一日》等通俗刊物,用具体事实和典型事件来宣传工人、教育工人,启发工人的阶级觉悟,号召工人组织起来。此外,以长辛店为重要据点,开办劳动补习学校,注意把提高文化水平和传播革命思想结合起来。1921年五一劳动节这一天,小组成员邓中夏组织长辛店工人举行群众大会,一千多人参加,会上宣布成立长辛店工人俱乐部(即工会)。这是我国最早的现代工会之一,也是我党领导的最早工会组织。另外,北京共产主义小组还致力于发展青年团,以其作为党的助手和预备学校。

北京共产党早期党组织对其他地方也有很大的帮助,帮助天津、山东、河南等地建立党组织。李大钊委派张太雷赴天津,高君宇赴山西太原,张国焘赴唐山帮助建党;派人赴山东帮助王尽美建党。邓中夏为了发展党的早期组织,奔波于武汉或长沙之间。李大钊派张申府赴法国帮助建立海外支部,先后帮助刘清扬、郭隆真、张若茗、周恩来、朱德等入党。北京大学学生谭平山、谭植棠、陈公博在广东筹建早期的组织。中共一大的53名党员中,有23名与北大红楼有关系,其中有北大毕业生17人,到革命胜利时,成为党和国家领导人的有 4 人。

最后讲讲侵华日军侵占北大红楼的事。1937 年"七七"卢沟桥事变后，日军的铁蹄践踏了古老的北京城，北京大学红楼一度被强行占用，成为侵略者进行殖民统治的基地之一。曾象征"民主""科学"的北大红楼在这个时期却记载着近代中国历史的屈辱。平津陷落后，北京大学奉国民党政府教育部命，南迁到长沙，与清华大学、南开大学合组新校，定名为长沙临时大学。1938 年 4 月，临时大学由长沙迁到昆明后，即正式更名为国立西南联合大学。

自 1937 年 9 月起，日军把北大红楼及周边建筑作为驻兵之地。1938 年 11 月 8 日，日本宪兵队司令部颁布命令，通知本队司令部、北京宪兵本部及分队等迁至东城汉花园北京大学第一院。宪兵分队下设分队长室、将校室、庶务室、特高室、警务室、司法室等机构。日军占据红楼，并作为其宪兵队机关之后，便在地下室开辟了宪兵队本部的"留置场"，也就是拘留所。

当时好多名人被捕以后就被带到北大红楼，比如说燕京大学校长司徒雷登，燕京大学的张东荪、邓之诚、赵紫宸、陆志韦等 20 名师生，还有在燕京大学任教的侯仁之，因为从事抗日活动被捕后也被带到了红楼地下室审讯，还有知名演员孙道临、中国大学教授蓝公武等人也被抓到过这里。

北大红楼建成到今天快 100 年了，1961 年 3 月 4 日，国务院就将北大红楼公布为全国重点文物保护单位，2002 年 4 月，红楼辟为"北京新文化运动纪念馆"并正式对外开放。我理解的红楼，是共产党人追求梦想的起点，典藏的不仅仅是记忆，更多的是北大人追求民主科学的精神，是一种以天下为己任、敢于担当、善于创新的爱国情怀和梦想。北大红楼永远是北大人的骄傲，是中华民族的骄傲，更是中国共产党人的骄傲。

"水乡"北京

韩 朴[*]

---

[*] 韩朴,北京市文史研究馆馆员,北京史研究会会员,首都图书馆研究馆员。主要研究领域为北京城市的历史演变、北京民俗与传统文化等。

京华往事（二）：一个历史地理的视角

今天讲的题目叫"水乡"北京。大家生活在北京，自然都知道它是一座缺水的城市，那为什么我却使用这样一个标题呢？其实古代北京的周边是有不少水系存在的，即便是在今日的核心城区内，也曾存在过大量的地表水。何以为证呢？最直接的证据，当然是古代文献的记载，以及与其相关的考古发掘报告。但是我们还有另外一种办法，那就是直接到古代帝都的胡同里去寻找。

说起传统的北京古城，除了那条独一无二的城市中轴线以外，最能表现这座古城风貌的就是那些密密麻麻的胡同了。北京老话说是："有名的胡同三千六，没名的胡同赛牛毛"。论起北京胡同的宏大规模、久远历史和深邃文化，全中国、全世界，恐怕没有一座城市能够与之比肩。单只那些光怪陆离的胡同名称，就像记录城市变迁的历史文献与历史档案，足以构成一门学问。

根据地名学的命名原则，水道是最明显、也最容易得到公认的自然标志物之一，因此在北京古城的街巷胡同名称里，有很多都是根据历史上曾经存在过的自然或者人工的水系而命名的。我们都知道北京是一座缺水的城市，可是北京城里却存在着一大批以海、河、池、潭、沟、坑、泡子等水体名称来命名的街巷。这些地点的附近，又会有大量以桥为名的街巷。虽然沧海桑田，世事更易，很多古代的水道如今已经看不到了，但只须追寻城区内与水相关的街巷名称，北京水系的历史面貌仍然会在我们眼前一一再现——包括自然水系的原貌，也包括人类为了城市生活需求而做出的改造。

让我们依大致的时空顺序，在北京核心城区的地名群中试举几例。

今日北京西客站附近，有一组以"莲花河"或"莲花池"命名的地名群。自春秋、战国、秦汉、隋唐直至辽金各个朝代，在前后2000多年的时间里，其附近地区始称蓟城、幽州，继而城为辽南京、金中都，从方国的都城演变为边疆重镇，继而成为国家的首都。这座城市正是北京城的前身，而莲花河水系则是这座城市的命脉。

公元13世纪，元世祖忽必烈准备在此建都，当他看到旧有的水系已无法满足新都的需求时，便索性将规划中的大都新城从莲花河水系上迁移到了东北方向的高梁河水系上来，为城市的发展开拓了更为广阔、丰沛的水源。自元代以来直至后来的明清两朝，这条高梁河水系一直贯穿于北京城的中心区域，从城区西北的紫竹院流经白石桥、高梁桥进入城区，循城市中心的积水潭、后海、什刹海、西苑三海再东南流，过正阳门、鲜鱼口、红桥，经龙潭湖西部，在城区东南方向的贾家花园流出城外。由于著名的西苑三海（北海、中海和南海）正好位于这条故道上，所以也有人把它叫作"三海大河"。它的上游是城市供水的主渠道，到了下游，就转为城市排污泄洪的干渠，同时也为城区内大大小小的湖泊注入了生命之水。

帝国的都城需要更加高效的物资运输能力予以支撑，而在古代的技术条件下，最高效、廉价的运输方式莫过于水运。当自然水系不能满足首都的运输需求时，国家就会动员人力，大规模开凿运河，以沟通自然水道，满足首都对于以粮食为主的物资需求，这就是漕运。

为解决首都的漕运需求，历代都曾大兴水工，引水济漕。其中成效最好、影响最大的是元代水利专家郭守敬奉命开凿的通惠河。为了彻底解决上游的水源问题，郭守敬先是从城北昌平的白浮泉引水向西，一路收集温榆河上游诸泉水，然后向南汇入瓮山泊（今颐和园昆明湖），又通过长河、高梁河把瓮山泊水引到大都城下，从和义门北水关（今西直门立交桥北）入城，注入积水潭。

东城北部

　　郭守敬在积水潭东南方的万宁桥（明清称地安门桥，民间俗称后门桥）下新开一条渠道，引潭水东出，傍着皇城东墙外南下，经丽正门（今天安门）东水关（今南河沿南口），流出大都南墙。然后东转，在文明门（今崇文门北）外合入金代的闸河，东至通州，汇入京杭大运河。南方来的粮船沿着通惠河上行，一直驶入大都城内。广阔的积水潭上，舳舻蔽水，桅樯如林。

　　地安门东大街路北有东不压桥胡同，这里就是河水从后门桥下进入皇城的通道。河水进入皇城，从此称为御河（或称玉河）。东不压桥始建于明初，是一座东西向的石桥，明清两代的皇城北墙就压在半边桥身上。明代文献称其为"步粮桥"，有人认为应该是"步量桥"，意思是说桥身被皇城占去一半，其窄可用步量。民国后皇城拆除，石桥如释重负，遂改称不压桥。20世纪50年代，河道改成暗管，桥身亦埋入地下。近年来，这一段玉河故道已部分恢复，东不压桥再现人间。

　　地安门东大街路南有东板桥胡同。这里原有一座南北方向的木板桥，是通惠河水进入皇城后的第一座桥，由此向东的北河胡同便是旧日的河道，并在水簸箕胡同一带南下。所谓水簸箕，是说这个地方地势低洼，容易积水。

　　南下的御河由此直抵东长安街，这一段的地名称作东安门河沿，后来以东安门为界分为南、北河沿。民国初年南河沿铺设暗管，改成马路。20世纪50年代以后，北河沿也改为暗管，从此成为一条通衢大道。

　　从北河沿南下有地名沙滩。此地名显然与古河道相关，但它的形成应早于元大都建设之前。沙滩附近有银闸胡同，闸的具体位置便在胡同东口外的御河中。银闸以南有骑河楼街。所谓骑河楼，指的是楼阁式的桥梁。这座桥始建于明代，正式名称为涵碧桥，在骑河楼街的东端横跨御河。至清末桥已久废，只余街名。

御河向南穿过东长安街，有地名曰"御河桥"。明代初年，御河南出皇城后，放弃了元代通惠河的故道，沿着一条新开河道笔直向南，穿过正阳门东水关，进入内城的南护城河。新开河道上依次横架了三座石拱桥：东长安街上的北御河桥、江米巷（今东交民巷）内的中御河桥，紧靠城根的南御河桥。明代北御河桥南侧的东、西两岸曾各立一座牌坊，额题"御河东堤"和"御河西堤"，岸边高柳垂荫，号称"御河新柳"，是当年京师一景。

清代后期御河被划入外国使馆界。1901年使馆界拆除了南御河桥，改为暗沟。1926年，又改中御河桥以北至长安街一段御河为暗沟，路面中间开辟为绿化隔离带，仍以原来的东西河沿作为通道。1924年通有轨电车时，此地曾有"御河桥"一站。20世纪30年代，北御河桥也被拆改为马路。抗战胜利以后，命名御河桥东侧路为兴国路，西侧路为正义路。1949年后，两侧统一命名为正义路。

在北京站一带，曾有个叫泡子河的地名。泡子是北方人的叫法，指的是有积水的坑溏。明代政府曾在这里设立过盔甲厂，厂中别有炮作，专门制造铳炮火药，所以明代的文献中也把它称作炮作河。

泡子河的下游沿着水关通向崇文门外的东护城河，成为城市的一条泄水孔道。明清时期，长溪两岸风光宜人，有很多私家园林。直至清代中叶，这里还有一个宽阔的水面。

通向泡子河的水道有两条，一条沿着朝阳门内南城根向南注于淀，今日的泡子河东、西巷就是昔日水道；另一条自西北方船板胡同西口迤南，沿着胡同的走向抵达崇文门东城根后，向东注于淀。这就是来自北御河桥的元代通惠河故道。

20世纪40年代末，泡子河已成一片死水，后填平成为居民区，地名仍叫泡子河。50 年代建设北京火车站的时候，大部分都成了站区建筑。

西城北部

元代开凿通惠河的同时，沿地安门西大街一线构筑起皇城北面的萧墙，并填筑起一条东西大道，人为地截断了积水潭向太液池（今北海、中海）供水的通道。

为满足元代皇家苑囿和宫廷的用水需求，另外开凿了一条金水河，把玉泉山水直接引入大都城内的太液池。这条金水河自和义门南水关（西直门南 120 米处）入城，东行南下，然后又向东直至皇城西南角（今日甘石桥附近），至此分为两支，其一正东直入皇城，经隆福宫前（相当于今中海）注入太液池。另一支傍皇城西墙外北流，又绕西北城角后东行，过长桥（今称厂桥），在今北海幼儿园（明清蚕坛）处折而南，注入太液池。其下游东出太液池后，经宫城正门崇天门外向东，汇入通惠河。金水河归元代皇家专用，为保持绝对洁净，在与其他水道相遇时，都用"跨河跳槽"的方式跨越其上。元代初年，"金水河濯手有禁"，普通百姓是绝对不能染指的。

明代初年修建了德胜门水关，作为引水入城的唯一通道，元代金水河的上游从此断流。为了保证明代皇家苑囿以及宫廷的用水，在什刹海的南端重新开通了向南沟通太液池的渠道。通道处修建了一座与东不压桥同样功能、同样形式、同样名称的石桥，称为西不压桥。海子水从西不压桥下直接进入太液池。

金水河上游断流以后，原西直门内东西方向的水道逐渐湮没。中间一段南北方向的水道经过疏浚，变成了大明濠。这条大明濠的寓意不是"大明朝的濠"，而是一条大规模的露天濠沟。

大明濠从西直门大街上的横桥一路南下，至宣武门西水关注入

"水乡"北京

内城南护城河。大明濠两侧的通道,以辟才胡同西口为界,分别称为南、北沟沿。沿沟架桥40余座,横桥向南依次有北大桥(宝产胡同西口外)、南大桥(西四北八条西口外)、马市桥(阜内大街与羊市大街交界处)、太平桥(广宁伯街东口外)、石驸马桥(新文化街西口)、象房桥等。其中有些成为地名,甚至沿用至今。

民国以后,明沟改为暗管,其上开辟马路,称沟沿大街。抗战胜利以后,为了纪念抗日英雄,改北沟沿大街为赵登禹路,南沟沿大街为佟麟阁路。"文革"期间,改阜成门内大街以北为白塔寺东街,复兴门内大街以南为民族宫南街,两街之间为太平桥大街。20世纪80年代以后,又恢复白塔寺东街为赵登禹路,民族宫南街为佟麟阁路,太平桥大街依旧。

太平桥街东的前泥洼、后泥洼胡同和西斜街,在古代都曾是河道。元建大都城以前,两河夹角处是一片自然沼泽。建城以后修整了河道,沼泽里的积水便沿河而下,这个地方渐渐成了聚落。明代此地还是洼中积水的宣泄途径,所以地名叫做小河漕儿。到了清代,水量减少,民居增多,才有了前、后泥洼胡同。

元代的金水河穿越今天的西单北大街,这里原有一座石桥。明代中叶称其为干石桥,可见那个时候水道就已经干涸,只剩一座石桥了。至清代中叶,桥左右还有一段干河沟,到了清末就已成平地了,地名也被雅化成了甘石桥。民国初年铺设马路的时候,桥被埋入地下。1956年重修西单北大街的时候,还曾在地下发现了这座桥。

东城南部

金代为了解决首都漕运问题,曾经开凿了一条自金中都城北(今会城门)向东直抵通州的闸河。从此闸河以南的"三海大河"故道就被切断了水源,留下众多弯弯曲曲的干河道,日久变成了明清外城的排水沟渠。居民世代沿河建房，这也就是城区东南部拥有大量斜街的原因。

明代正统年间，朝廷为了城市泄洪，利用这些古河道在正阳门东侧低洼处向南开通了一道泄水渠，叫作三里河。其主干自今天的西打磨厂、北晓顺胡同斜向东南，经过南、北桥湾胡同注入金鱼池，再入龙须沟。清代中叶还都通水，到了清末，除金鱼池以外，只能从街巷的名称看出旧日水道的走向了。

在前门大街路东，鲜鱼口与晓顺胡同相交的地方，原有一座东西向的小桥，横跨三里河旧河道。这段东西街道，明代就称为小桥儿。清末河道已成平地，桥亦不存，但地名仍称小桥儿。20 世纪 60 年代并入了鲜鱼口街。

三里河故道在与珠市口东大街相交的地方拐了个弯，此处又有三里河桥，所以桥两侧的胡同就叫做南、北桥湾。北桥湾街东北方向有薛家湾，也是汇入三里河的一条旧水道。

自 2016 年 8 月起，北京市东城区启动了三里河绿化景观改造工程，至 2017 年 4 月改造工程完工，系统修复了前门地区的三里河，再现了"水穿街巷庭院人家"的景观。

三里河桥的下游，天坛北坛根，龙须沟的北岸，有一批以金鱼池为名的街巷。

由于"三海大河"的故道经过这里，早年这里确实有一片不小的水面，星星点点分布着许多小的湖泊。民国初年这些湖泊逐渐合并成为十几个大一些的水面，至 1937 年前后已大致连成一片，名叫金鱼池。而这里确实也是明代以来北京金鱼行业培育和饲养金鱼的所在。鱼把式们把水面分割成一小块一小块的，分别不同品种，培育出著名的北京金鱼。

20 世纪 50 年代初改造龙须沟的时候，金鱼池被改建成有 4 万多平方米湖面的公园。但因没有了上游水源，至 1965 年后，湖面填平盖了住房。

在天坛东北方，东晓市街东口到天坛坛根之间的这段街道叫红桥。当年桥的位置应该在东晓市街的东口，南北方向跨于三里河的故道上。

西城南部

西苑三海的下游原有一条向南去的古水道。元代修建大都，这条水道被大都的南城垣在长安街一线截断，下游部分甩在城外，成了一条断头河。明代初年向南拓展内城南墙，新的南城垣又把这条河道一分为二，北段留在内城北新华街一线，旧时被称作东沟沿，或叫河漕沿；南段置于外城南新华街一线，经虎坊桥一直汇入先农坛西北的一片苇塘，旧时叫虎坊桥明沟。

明清两代，这条水道一直是重要的城市排水干道，自长安街至化石桥（今和平门），经宣武门水关入南护城河。民国年间，将明沟改为暗管，开辟为南、北新华街。虎坊桥以南仍然还是明沟，一直到了20世纪50年代才改为暗沟，称虎坊路。

这条排水干道两侧的地名也多与水体相关。绒线胡同西段原来叫作板桥胡同，附近的大川淀也是水道。大六部口街以西的南、北新平胡同，原先叫前、后水泡子。北新华街沿线的旧帘子胡同、新帘子胡同、前细瓦厂、后细瓦厂、半壁街、中街，一律被水道分为东、西两截，中间都建有桥梁。

南新华街南端路东有臧家桥胡同。附近的韩家胡同旧时称作韩家潭，也是一条古河道。虎房桥是明代的地名，当时曾于桥西路北设虎房以豢猛虎。清代改称虎坊桥沿用至今。虎坊桥西南的潘家胡同，旧称潘家河沿，也是一个明朝旧有的地名。

虎坊桥明沟一直向南，在先农坛西北折向正东，穿过前门大街，沿着天坛的北侧绕到东侧，经左安门西水关注入外城的南护城濠。

北京城市中轴线上的正阳门大街与这条水道交会的地方，原有一座建于明初的大石桥跨于水道之上。因为是天子去天坛祭天的必经之路，所以叫天桥。石桥两侧的水道当时分别称为天桥东、西沟。北京民间传说，正阳门是龙头，天桥是龙鼻子，龙鼻子左右的两条细长水道，就被称为龙须沟。

历代护城河

古代北京城市水源的上游，在注入城市之前，首先注入城墙外面的护城河，构成了城市的防御工事。金代的莲花池水，元明清三代的高梁河水都是如此。护城河水不仅仅是城市的防御工事，同时也是城市排水的干道。在北京的街巷名称中，有不少是与护城河相关的。

今日中央音乐学院附近的东、西太平街，清代中叶称作小沟沿。当时虽然已经成为胡同，但沟内仍然还有水。到了清代末年，沟就已然填平了，当时称作太平街和鲍家街。到了民国年间，又分为东、西太平街。

从东太平街东口，向东穿过佟麟阁路，有受水河胡同。这条胡同原名臭水河，清代乾隆年间，胡同西段仍然是一段明沟。清末民初地名雅化，臭水河才改名为受水河。

太平街和受水河这两条胡同原来都是金中都的北护城濠。元朝兴建大都以后，旧城濠因无人管理，多有堵塞。明代初年拓展内城南垣，又将这两条胡同划入城内，恰在大明濠左右，就成了大明濠的支流。几百年来连续不断的城市污水排放，造成了严重的污染，故而才有"臭水河"之称。

中都北护城河向东连接运粮闸河，这一段河道在胡同的构成与命名上也有所反映。在宣武门内的西新帘子胡同到新壁街之间，有一条南所胡同。这条胡同在清代中叶叫臭水坑，民国以后才改为南所胡同。此地当初与宣武门大街以西之臭水河之间，经过安儿胡同北、旧帘子胡同西段、新帘子胡同西段相通。当年，由于旧城护城河被弃，东下的闸河故道也都分段湮没，护城河水就在这里积成了一处死水，年长日久，也就成了臭水坑。

明清内城的南护城河，自明代中叶就归入了人口稠密的外城城区以内，前三门的东、西两侧分别都有东、西河沿的地名。这些街巷虽然同样被称为河沿，但情况却有所不同，名字的念法也不同。其中有的街巷只是临河的半边街，而另外一些则是与护城河平行的两边街。为了区别二者，前者称作后河沿儿或只称河沿儿，词尾儿化；后者则称为河沿，词尾不儿化。比如著名的前门外西河沿，就是位于护城河的南侧，与河流平行的一条两边街。而这条街道北侧建筑的后身临河，河边的这条通道就叫后河沿儿。

结语

北京城既是一座现代化的国际大都市，同时也是一座历史悠久的文化古都。对当代人而言，了解和认识这座古城，具有非常重要的意义。流传至今的古代文献和文物固然是我们了解和认识这座古城的重要依据，而现存或已湮没的街巷及其名称，同样是古人向今人传递信息的重要载体。在探索和了解北京城区内古代水道的过程中，这一点体现得尤为明显。

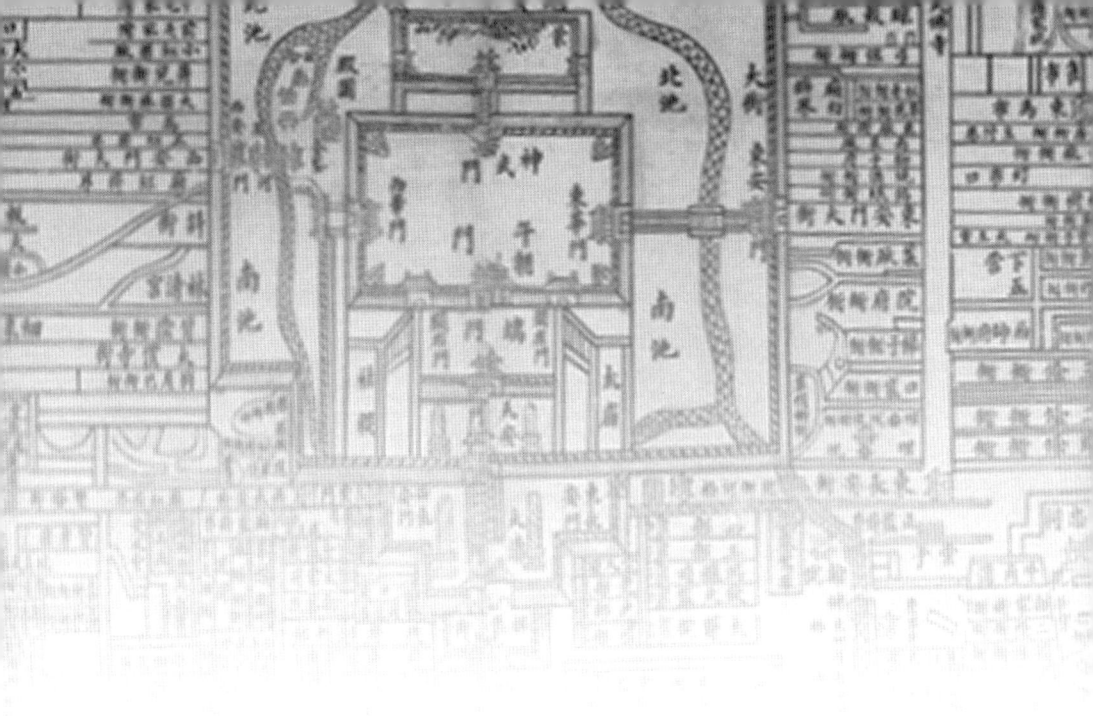

北京的名人故居

陈光中[*]

---

[*] 陈光中,副编审,已退休。现为北京作家协会会员、北京博物馆学会会员、北京市文物保护协会会员。发表作品400余万字,包括长篇传记《走读侯仁之》《走读鲁迅》《走读周有光》,以及《风景——京城名人故居与轶事》(共八册)、《北京胡同》《走读京城角落》《走读京城人物》《铁的路的谜》《惠家河记事》等。部分作品在中国香港和台湾地区以及韩国出版。

京华往事（二）：一个历史地理的视角

我所讲的题目是北京的名人故居，大家或许也听很多人讲过类似的主题，那么今天可以看看从我的角度能不能有新的收获。

北京这座古城的历史非常悠久，可以概括为三千年建城史，八百年建都史。既然如此，也就有无数的名人在北京城生活过，我们在这么短的时间内只能挑选一些有代表性的人物来讲。

从北京城的建城史可以看出来一些有趣的规律。我们知道北京最早建都是作为辽代的一个陪都，并不是正式的首都，金代将其作为正式的都城是在公元1153年，距今也有860多年了。金中都是在辽南京城的基础上，向东、南、西三面拓展建成的。元大都则是在金中都的东北方向另外选址，从头修建新城。明代则是在元大都基础上，将元大都北边的城墙向南移了5里，南边的城墙向南移了2里，才形成了今日北京内城的雏形。1403年，明成祖朱棣从南京迁都到北京，北京城这个名字才确定下来，到现在也已经600多年了。到明代嘉靖年间，为了加强京城防卫，本打算再修建一圈外城，但是可能因为资金不足等原因，最后只在南边修建了一段城墙，于是内城和外城形成了一个凸字形的形状。清代基本没有对城墙做太多改动，因此我们一般称为明清北京城。

从辽南京城，金中都城，元大都城，到明清的北京城，这五朝四都城，有一个交汇点，在什么地方呢？在现在复兴门一带。这一带可以说是几朝古都相交汇的一个"风水宝地"，在这里有一座醇王府（图1），光绪皇帝就出生在这里，今天的名人故居就从光绪皇帝开始讲起。

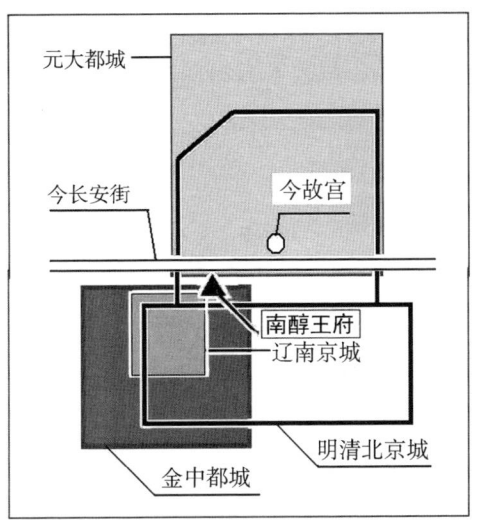

图1 五朝四都城与南醇王府位置关系

光绪皇帝

晚清时期，统治者在子孙延续方面越来越不景气，这也预示着一个王朝将要走向灭亡。咸丰皇帝当时只有同治这一个儿子还活着，于是他去世以后，年纪尚小的同治皇帝即位，长期由慈禧太后垂帘听政。同治皇帝19岁时就驾崩了，没有留下后代，那么谁来继承皇位呢？一般来说，应该从他的侄子或者兄弟选一位出来。如果从有利于国家的角度来讲，应该选一个能办事的，起码是一个成年人。但是慈禧太后是一个大权独揽、绝对不允许任何人涉足皇宫事务的人，她找了同治帝的堂兄弟载湉（即后来的光绪帝）。继承的时候有个有趣的说法，说光绪名义上并不是继承同治而是继承咸丰皇帝，等他有了儿子以后让他儿子再继承同治。这样说听起来好像顺理成章，实际里面大有名堂。慈禧太后为什么不从同治下一代的侄子中选？她又为什么选了光绪？如果选了同治下一代的侄子继承皇位，那么慈禧就变成了太皇太后，按道理来讲，皇太后垂帘听政在中国历史上虽然已经少见了,但是毕竟是合理的,但是太皇太后听政就不成体统。所以慈禧太后选择了同治的同辈兄弟来继承皇位。另外,光绪不仅是咸丰的侄子,又是慈禧亲妹妹的儿子,也就是说是她的亲外甥,而且当时也只有4岁。这个外甥至少也要成年以后才能亲政,那么慈禧太后还可以有很长的垂帘听政、掌控朝政的时间。所以说慈禧太后选择光绪,是有她深远意图的。

图 2　醇王府南府

光绪出生在醇王府南府(图2)。现在是中央音乐学院,基本还保留当时醇王府的一个格局。光绪继承皇位以后,醇王府南府就成了潜龙邸,于是醇亲王这一家就搬到了新的府邸,也就是醇王府北府,在今天的什刹海一带。

可以说光绪是一位倒霉的皇帝,他在4岁登基之后就被慈禧太后控制,一直到他18岁大婚之后慈禧太后不得不归政,他才真正可以主持国政,但是仅仅十年之后,就遭遇了戊戌政变,被囚禁。他亲自执政这十年间,清代可以说是连年灾荒,面临着严峻的内忧外患。从另一个角度来讲,光绪是中国封建体制当中最后一个实质性的皇帝,继承他的是溥仪,也就是宣统皇帝,3岁登基,三年之后整个封建王朝就结束了,溥仪实际上没有任何参政和执政。

客观上讲,光绪(图3)是一个有想法、有作为的皇帝,他实际上对中国历史的发展起到了一定的作用。在他十几年等待亲政的期间,受到不少师傅和社会各界的影响,也看到了大清王朝落后的事实。

图3 光绪

光绪亲政后不久,中日就爆发了甲午海战,清帝国元气大伤,但这也激励了光绪改革的决心,于是他支持康有为、梁启超等人搞戊戌变法。1898年6月起,光绪皇帝在三个多月时间里一连下了一百多条诏令,对中国军事、文化、教育、农业、工业等几乎所有的领域进行了大刀阔斧的改革。后人评价这些改革有积极的作用,但是由于操之过急所以惨遭失败。但是我们可以看出来,戊戌变法充分体现了光绪有决心要想把中国引领到一个重新振兴的道路上去。有很多的文艺作品、很多电影小说讲述了这段过往,在改革进行到最关键的时刻,康有为、梁启超鼓动光绪应该囚禁慈禧、杀掉慈禧的亲信荣禄,才能进一步推进改革,没想到被袁世凯告密。于是1898年9月21日,慈禧一早派人把光绪押到瀛台监禁起来,然后大肆搜捕维新派人士,这就是戊戌政变。这场政变宣告了百日维新的失败，光绪从此就成了傀儡，成了囚犯了。

中南海现在不开放了，所以大家体会不到光绪被囚禁的瀛台是怎样一种环境，但是大家有机会可以去颐和园看看光绪的另一处居所。颐和园是慈禧经常去的地方，园中有一处玉澜堂，实际上就是囚禁光绪的一座监狱。那是一处很规整的四合院，正殿是光绪住的地方，两边的厢房里面是墙，光绪手无缚鸡之力，也没有飞檐走壁的能力，根本不可能逃跑。慈禧就这样对光绪严加看管，一直到1908年两人先后去世。在这期间也经历了很多事，比如1900年的庚子事变，八国联军打进北京，慈禧太后挟持光绪皇帝逃到西安，后来经过谈判求和，签订《辛丑条约》以后回到北京。慈禧这个时候改变了想法，认为改革还是有必要进行的，所以在1904年前后推出一些改革措施，其中一些比之前的还要彻底；又派大臣出洋考察，也做了一些改革的准备，但是当时清政府其实已经病入膏肓、几乎无药可医了。

1908年，光绪突然去世，紧接着第二天慈禧太后也病故了。慈禧太后在光绪死后就立了新的皇帝——溥仪。当时溥仪只有3岁，是一个小孩子。溥仪是第二代醇亲王的儿子，第一代醇亲王是慈禧太后的妹夫、是光绪的父亲，第二代醇亲王是第一代醇亲王的儿子、光绪的堂弟。慈禧选了这么一个小孩子，说明她还是有继续执掌权力的欲望，但是天不假年，她第二天就死了。

光绪和溥仪有一个共同点，他们出生的时候，并不知道将来会成为皇帝，之后被特殊的命运安排成了皇帝。在这种情况下，他原先居住的府邸叫作潜龙邸，是不能继续作为住宅使用的，只能改为别用，比如盖寺庙之类。北京有三座潜龙邸。一是雍和宫，是雍正皇帝的潜龙邸，雍正一直熬到40多岁才做了皇帝，他登基以后，潜龙邸逐渐成了喇嘛庙。另外两座就是光绪和溥仪的潜龙邸。光绪登基后，原先的醇王府成为潜龙邸，称为南府；醇王一家搬到了新的醇王府，也就是后海北沿43号，称为北府。溥仪继位以后，北府又成为潜龙邸,于是朝廷又给溥仪的亲生父亲载沣在新的地方建府,载沣作为摄政王。有人总结清朝的发展是摄政王始,摄政王终,前面指的是多尔衮,后面指的就是载沣。

袁世凯

第二个要讲的就是对光绪命运产生过重要影响的袁世凯(图4)。别看他肥头大耳,其实他非常精明,是非常有城府的人。他是不是坑害过光绪,是不是由于他的告密,造成了光绪被囚禁,现在也有好多种说法。很有趣的是,尽管很多人认为他的告密造成了戊戌变法的失败,但是当他出任中华民国大总统以后,居然给六君子树碑立传。

图4 袁世凯

戊戌变法的时候,袁世凯与康有为等关系非常密切。康有为和梁启超盲目相信了他,当时他掌握北洋系的军务大事,培养了一大批子弟,康梁觉得靠他的军事力量才能保证变法、保证光绪的帝位。根据民间的说法,袁世凯是坑了光绪,那么当溥仪登基以后,摄政王载沣是光绪的亲弟弟,他能放得下袁世凯害他哥哥的事吗?

京华往事（二）：一个历史地理的视角

所以当时载沣非常想杀掉袁世凯，但是朝中很多人劝他，袁世凯手下将领太多，杀掉袁世凯，弄不好会天下大乱。正好袁世凯说自己身体不好，朝廷就借此机会令他回籍养疴，也就是剥夺所有的职务打发他回家养病去了。那么他回老家了吗？可以说是回了。他是河南项城人，但是他没有回项城，而是在河南离北京最近的彰德养病，彰德在京汉铁路沿线。他选这个地方理由也很充分，他的母亲只是一个小老婆，是不能葬在祖坟的，所以说是为了自己的母亲才不回项城的。当然了，这只是借口，他假装每天非常悠闲地生活，实际上还是在等着东山再起。1911年武昌起义，清政府派人去应对，当时冯国璋南下路过彰德，去请示袁世凯，袁世凯给他六个字：慢慢走，等等看。在这个指示下，长江北岸被他们拿下了。为什么呢？袁世凯非常聪明，如果清军一下把革命党全部剿灭，他就不可能有东山再起的机会，只有两股力量拉锯战的时候，朝廷才会想起他。于是，朝廷让他出任湖广总督，袁世凯表示自己身体还没好，拒绝了；朝廷知道这是袁世凯嫌官小，于是改为钦差大臣，袁世凯还是拒绝；最后让他做总理大臣，这次袁世凯答应了。总理大臣是有很大实权的，他上任以后，朝政就不再是摄政王一人说了算了。

袁世凯回到北京，第一件事就是和革命党谈判，他同意实行共和制，但是不支持孙中山；第二件事就是和朝廷谈，告诉朝廷现在到处起义，支撑不下去，劝朝廷不要再和革命党打下去了，劝宣统皇帝（溥仪）和隆裕太后争取一个体面的退位，建共和政体。就在这段时间发生一件大事，有一部分革命党人对袁世凯很不信任，安排了好几支暗杀队伍，搞了一次暗杀。关于这次暗杀有很多种说法，比较可靠的就是只杀死了袁世凯的一个侍卫。当时袁世凯住在外交部街33号院（图5），这地方在明代时是一个很大的府邸，后来几经变迁，到清代变为铸币厂。1908年的时候，德国王储威廉要来访华，需要建立豪华的迎宾馆接待他，这里又改造为迎宾馆。

发生刺杀以后，袁世凯吓坏了，躲在宾馆里不上朝，当然实际上也在给各方施加压力。最后的结果我们也知道，孙中山专门派了一个使团到北京，决定只要袁世凯实现诺言让清帝退位，革命党就同意他来做总统。当然，孙中山也提出了几项要求，最重要的就是让袁世凯必须到南京就职总统、遵守临时约法，袁世凯也答应了。结果使团到北京还不到三天，北京就突然发生兵变，袁世凯的部下在北京东单一带烧杀抢掠。这给人们造成一种什么印象呢？袁世凯还没走就这样了，如果走了那不更麻烦了吗？使团的首领也沉不住气，周围一闹事他就逃到了外国医院，一看形势不好，赶快给南京报告，说袁世凯还是不应该离开北京。孙中山最后不得不妥协，袁世凯就在北京就职了。

图 5　外交部街 33 号院

当时孙中山对袁世凯非常信任，1912 年他专程北上会见袁世凯，住在外交部街 33 号院。袁世凯非常会办事，孙中山到的时候他打开从前只有皇帝能走的前门的城门,用自己的马车把孙中山迎接到自己家里。他搬到张自忠路3号,也就是国务院所在地,把自己家全部腾出来让孙中山住。两人多次交谈,孙中山对袁世凯佩服得五体投地,公开场合孙中山发布演说,袁世凯做总统十年,练兵百万,我把铁路线延长二十万,民国即可富强。讲到激动的时候两个人对呼万岁,孙中山对袁世凯说万岁,袁世凯对孙中山说万岁,两个人的关系不能说不好。但是好景不长,孙中山很快就发现了袁世凯的目的根本不是共和,袁世凯很快就暗杀了宋教仁,控制国会选举,最后还当了一把皇帝。他非常会骗人,不光骗过了朝廷,骗过了革命党和孙中山,连他的亲友也都骗过了。冯国璋的夫人也是袁世凯的家庭教师,冯袁关系不可谓不密切,他来问袁世凯到底有没有当皇帝的想法?袁世凯非常推心置腹地说,我们袁家没几个能活过60的,我已经59了,儿子们也不争气,我怎么可能当皇帝呢?于是冯国璋也被骗了。问题是袁世凯骗了一辈子人,最后被他自己的儿子和部下骗过了。他儿子天天跟他说,举国上下都愿意让你当皇帝,袁世凯终于按捺不住当皇帝的狼子野心,但是他称帝以后就引起了全国各地一致的反对,不过83天就不得不恢复了共和制,又过了两三个月就死了。

关于袁世凯在中国历史上起到的作用,我赞成一些史学家的观点,不管袁世凯是不是出于野心篡位称帝,他的一系列行为使得辛亥革命变为一场比较和平的革命,没有引起全国性的大动荡。

袁世凯在外交部街33号院居住的日子并不长,让给孙中山以后,他住在张自忠路3号,这个地方也很有名,段祺瑞执政时期,著名的"三一八"惨案就发生在这个地方。1920年3月18号,群众到这里示威请愿,被当时的政府打死打伤两百余人。袁世凯在这里住的时间也不长,当了大总统之后就搬到了中南海,袁世凯搬来的时候他的部下在这里给他盖了一座两层的小楼,叫宝月楼,后来被改为新华门。

孙中山

从袁世凯这里，我们讲到孙中山。据说他一生当中一共来过三次北京。第一次是19世纪90年代，甲午战争两年前，他当时写了很长的倡议书，想到北京见李鸿章，提出他的想法和建议，据说李鸿章当时在天津，后来也没有接见他。那么这一次他来了以后住在哪里，甚至这件事到底是不是真的，他有没有来过北京见李鸿章，都并不确定。

孙中山第二次来北京，就是我们刚刚讲的与袁世凯会谈的事，他在这里上了袁世凯的当，后来袁世凯很快翻脸，国民党被解散了。一直到20世纪20年代，南北之间形成了新的格局，南方革命军已经形成一定的力量，大战一促在即。1924年冯玉祥发动了北京政变，把段祺瑞赶出去了，他立即通电全国邀请孙中山北上共商国事，商量中国的政治问题。孙中山也非常高兴能够用和平谈判的手段解决政权问题，所以立即北上。不过他这一段路用时比较长，走了一个多月，沿途还做各种宣传和其他工作，12月底才到天津。另外，走得慢的原因还有孙中山的身体相当弱，他时年59岁，虽然年龄不算很高，但是身体状态很差，他到天津疗养了一段时间。就在这段时间，北京形势发生了变化，张作霖赶走了冯玉祥，但是张作霖也愿意用协商的方式解决政权问题，所以孙中山还是决定到北京来，一个目的是继续谈判，另外也要看病。他在1924年12月31日到北京，住在北京饭店，当时叫六合饭店。到北京之后身体更加每况愈下，所以很快住进了协和医院。他本以为是肝炎一类的疾病，结果经过手术发现是恶性肿瘤，已经无法医治了。当时并没有人想到他的身体已经病重到了这种程度，部下也想尽各种办法拯救他。协和医院是西医，只能用西医的方法，当时也放疗了一段时间，但并不管用。他本人学过医，觉得在西医医院看病不太好用中医，于是搬到了铁狮子胡同 23 号。铁狮子胡同也就是现在的张自忠路，这个地方是当时一位著名的外交家的宅子，这位外交家追随段祺瑞被通缉逃到外地了，于是这个宅子就作为孙中山的行辕了。孙中山在这采用了各种治疗方法，用了中医、西医，但是最后还是回天乏术，于 1925 年 3 月 12 号上午十点半逝世。孙中山逝世宅邸今天作为文物保护单位被留了下来（图6）。

图 6　孙中山逝世宅邸大门

孙中山逝世后，当时国民党重要的头面人物基本都到这里为他送行。他临死前有一个遗愿，就是希望安葬在南京紫金山。1912 年他辞去总统职务后，曾经去紫金山休息，当时就希望死后能安眠于此。他在北京去世以后，国民党决定在南京的紫金山修建中山陵。从 1925 年到 1928 年北伐成功，这么长的时间里中山陵修修停停，最后终于在 1929 年 5 月 29 号把孙中山的遗体从北京迁移到南京安葬。在此期间，孙中山的遗体存放在香山碧云寺。那个时候，北京有个军阀张宗昌，他听风水先生说由于孙中山灵柩暂时停放在香山，对他的命运有所影响，所以他想要烧毁孙中山的遗体。当时孙中山的卫队曾经转移过他的遗体，也可能是有意制造舆论，放出风声说我们已经把孙中山的遗体转移走了。再加上当时北京有一些著名人物，比如熊希龄就找到张宗昌，说如果孙先生遗体发生任何问题，举国上下都唯你是问，最后张宗昌不但没有毁坏遗体，甚至派部队专程保护。

蔡元培

清末民国这些人物当中，有一个人物也是不可不说的，就是蔡元培。大家都知道他是教育家，最有名的是做北大校长的一段经历。其实还有一段经历，就是我们刚刚讲到的，当时代表南京临时政府、代表孙中山北上迎接袁世凯南下的专使团中，特派专使就是他。

他 15 岁中秀才，21 岁中举人。通过袁世凯这件事，能看出来蔡元培有些毛躁，很多事都能证明。他 22 岁去北京参加会试，考取了贡士，如果再过了殿试就可以做进士了。他自己心里没底，把自己的文章拿给北京一位老师看，那位老师觉得他写得不太好，结果他就垂头丧气地走了，没去参加殿试，就这样耽误了两年。两年之后进京参加补考，这次中了进士，后来升任为翰林院编修，加入了高级知识分子的行列。翰林院专门负责记载历史，这么重要的机构意味着蔡元培以后的仕途还是比较光明的。可是当时正好赶上甲午战争，他这种封建科举制度培养下的高级知识分子也对朝廷丧失了信心，于是他就回家去了。他先后组织中华教育会，主办爱国学社，发起反清组织光复会，办了《俄事警闻》，然后参加中国同盟会，甚至参加了暗杀团。当时许多知识分子特别推崇暗杀，他也认为中国必须要通过这种极端的方式才能推翻这种腐朽的封建制度。当时中国招女学生的学校很少，他还开办了爱国女校，其中一门课叫如何制作炸弹，他认为女性搞暗杀会比男性更容易成功。他自己也参加过暗杀活动。其实我们从中也能看出来，连这样一个高级知识分子都参加到极端的活动当中去，腐朽的清政府肯定是要灭亡的。但是蔡元培就是有些毛躁，过了一段时间又觉得革命党人多次起义不能成功，他有些灰心丧气，听说翰林院的编修有一个出国学习的机会，他就报名参加了。于是1907年，40多岁的蔡元培出国到欧洲留学了，直到1911年辛亥革命以后才回来。当时他名望很高，在南京临时政府做了教育总长，也正是因为名望高，孙中山才委派他当特使到北京来。当时袁世凯也派自己的专用马车敞开前门城门欢迎蔡元培，不过蔡元培很识相，坚持走旁门。

蔡元培还是很率真很单纯的人，所以别人稍微骗骗他，他就上当了。袁世凯轻而易举地骗了他，他最后说服了南京政府让袁世凯在北京就任，结果最后的约法三章一项也没有实现。当时蔡元培对袁世凯也抱有一定的幻想，但是不久之后他就发现袁世凯靠不住，不愿与袁世凯政府合作，于是就辞职了。辞职了以后何去何从呢？当时教育部下面有一个去欧洲留学的名额，他想再去欧洲留学。但是他毕竟是前教育总长，出国留学让政府很没有颜面，最后当时的政府还是给了他经费出国，但是不以留学生的名义出去。在国外学习了4年之后，到1916年袁世凯死了以后，北京政治形势发生很大变化，他又回国了。这时候当局请他当官，去做北京大学的校长。

那个时候北京大学的名声非常差。光绪皇帝搞戊戌变法，一百多条诏令最后几乎都被慈禧太后推翻了，但是当时成立的京师大学堂留了下来培养知识分子。京师大学堂，到后来民国的北京大学，名声都不好，因为当时有许多地方推荐上来的官员来这里学习，官员架子很大，上课的时候还带着仆人。当时北京八大胡同的常客，就有许多北大的师生。

蔡元培回国后，有人觉得这样一所高等学府必须整顿，而只有蔡元培能当此重任。当时蔡元培有很多朋友劝他不要去，担心毁掉他的名声，蔡元培最后还是很坚定地赴任了。1917 年他正式在北大就任校长，立刻进行了大刀阔斧的改革。他提出了"思想自由，兼容并包"，他聘请了很多进步人士，比如陈独秀、胡适等等，但是同时也聘用了一些保守派人士，比如辜鸿铭。什么叫作兼容并包？就是允许各种不同思想、不同学历的人都有自己的舞台。再比如刘半农，其实只有一张中学文凭，但是已经在《新青年》崭露头角，证明他有一技之长，所以蔡元培也予以聘用。在蔡元培的一系列举措下，北大的风气焕然一新。

　　北大最有名的事件当然就是五四运动，这事自然离不开蔡校长的支持，但其实蔡元培做校长的时候一开始是反对学生参加学生运动的。当时，由于各种政治形势的原因，学生经常上街开展爱国运动，蔡元培就表示，学生的任务就是学习，我反对你们参加学生运动，如果你们非要去就自己去，不要打北大的名义，否则我就辞职。但是到了 1919 年，为什么蔡元培突然支持学生爱国运动了？就是因为当时复杂的历史背景。当时我们作为第一次世界大战的战胜国参加巴黎和会，其目的是要把战败的德国在中国的利益收回，但是列强作出的决定是把德国在中国的利益交给日本接管，我们中国人怎么能答应这件事？当时北洋政府是准备要在《巴黎和约》上签字的，但是没想到 5 月 2 日的时候，一位爱国人士把这个消息透露给了林徽因的父亲林长民。林长民当时是外交委员会事务长，他听到这个消息后马上驱车赶到蔡元培家商讨。当时蔡元培住在东堂子胡同 75 号（图 7，作为蔡元培故居，现在已被保护起来了）。蔡元培等天亮之后马上请傅斯年他们到家里商议，之后立刻召开全校教职员工会议，晚上召开学生大会决定第二天示威。5 月 4 日下午三点，各校学生在天安门广场聚会之后本来准备到外国使团示威的，由于军警阻拦，沿着现在的长安街从东单北上到外交部街，到外交部抗议之后意犹未尽，调头南下，顺着外交部街南下到赵家楼，痛打了卖国贼章宗祥，火烧了赵家楼。当天北大的学生被逮捕了20多人，蔡元培坚决支持学生的爱国运动，听说学生被捕之后，立刻出面营救。当时形势十分险恶，国内多股反动势力说北大带了坏头干涉国事，应该解散北大，追究北大学生的责任，追究蔡元培的责任。蔡元培说，所有的责任都由我承担，他当时就辞职了。他的辞职更加激发了北大学生对当局的愤懑，学潮在继续。这场学潮一直蔓延到北京和全国各地。最后，在各方压力下，6月28日中国使团拒绝在《巴黎和约》签字。

图7　东堂子胡同75号蔡元培故居

东堂子胡同75号在2000年的时候险遭拆除。这里就有一个问题，为什么有人要拆蔡元培的故居？因为虽说他在这里居住过，但这不是蔡元培自己的房子。其实蔡元培一生都没有自己的房子，一直是租住的，不管是在北京，还是后来在上海、香港，他一辈子都没有自己的房子。尽管是租来的房子，但是这处住所和五四运动有直接的联系，所以最终还是没有拆掉，而是修复好后作为蔡元培的故居予以了保护。

朱启钤

说起朱启钤（图8），也是一位很有意思的名人，我们刚才说袁世凯大总统府把宝月楼改为新华门，这件事就是朱启钤做的。他一生担任过很多职务，数都数不过来：清末的时候做过京师大学堂译书馆监督，管理翻译外文，但是其实他不懂外语；做过北京内城巡警厅厅长、外城巡警厅厅长、东三省蒙务局督办，津浦铁路北段总办；北洋政府时期做过交通总长、内务总长等等职务，还做过一任代理国务总理。后来张学良提名让他当北京市市长，他没有做。从这些职务听上去，他像是一个老政客，但是实际上他是位了不起的实干家。他做的事不是两个小时能讲完的，总结起来有三件最值得称道。

图8　朱启钤

第一件事是改造北京城，他被认为是改造京城第一人。改造京城的重点项目是正阳门，当时正阳门瓮城的东西月墙下各有一座火车站，瓮城完全隔绝了东西向的交通。朱启钤正好担任内务总长兼北京市政督办的职务，向袁世凯政府申请拨款改造。在建造过程中也使用了巧妙的方法，用火车来运渣土，最后顺利完成。改革正阳门的工程有不少人质疑，认为他修得不伦不类，在中式的城楼上修建了很多西式的装饰。我想当时的文保意识还没有那么强，大家并没有修旧留旧的意识，所以也不能对他过于苛求。除了改造正阳门瓮城之外，他还把中山公园变为北京第一个对市民开放的公园，另外还打通了南长街、北长街、南池子大街、北池子大街，使得原本被皇城隔绝的交通变得畅通。

第二件大事就是开放北戴河的旅游业。朱启钤20世纪20年代时候到北戴河视察，发现外国人随意占地，搞得乌烟瘴气，决定由中国人来办北戴河的旅游业。由中国人出面对其旅游开发进行全面规划，一直到现在，北戴河都是离北京最近的海滨休闲胜地。他当时在北戴河建设了为游客提供茶水和餐点的场所，到后来就是著名的林彪别墅。现在北戴河有好多和朱启钤有关的地方，平水桥有一个朱启钤的塑像，联峰山还有他的墓地。当时他的夫人已经故去了，他给夫人修建坟墓之后也给自己留了门，准备自己身后也安放在那里。他和周总理的关系很好，当时提倡火葬，他还是想土葬，周总理说可以满足他的愿望。没想到1964年他去世的时候周总理正好在国外出访，当时他的家人因为国内情势的原因也不敢提出土葬，最终还是火化后埋在八宝山了。总理听说以后也觉得很遗憾，送了一个茉莉花圈。

20世纪20年代的时候，朱启钤干了件更有历史影响的大事，就是成立了一个中国营造学社，网罗了一批著名人物，比如梁思成等，他们对于中国古代建筑的研究一直到现在都是很重要的。朱启钤经过南京图书馆的时候发现一本书，宋人李诚所写的《营造法式》，他如获至宝，马上刊印，让大家研读这本书，然后成立了中国营造学社，买下了赵堂子胡同3号（图9）进行改造。改造过程完全按照中国古建筑的营造方式，又结合他自己的特殊需要，改造得非常有特色。他所请的工匠都是当年参加过维修故宫的老工匠，所以其石雕和木匠活儿都非常讲究。另外，他的这座故居不是通常的四合院，而是在中间建了一个长廊，串了8个院子，一边有4个，可以说他是把古代的四合院揉进了现代的方式。

图9　赵堂子胡同3号朱启钤故居

抗日期间，日本人曾经强行低价买下了这座宅子，朱启钤被迫住在东四八条11号，抗日战争结束后，国民党先霸占了这座宅子，他们觉得这个院子地下有不少珠宝，结果挖地三尺啥也没找到，最后还给了朱启钤，因为他在北平期间对保护北京的老建筑有很大功劳。中华人民共和国成立以后，一开始误以为这座宅子是敌资就给没收了，后来周总理准备还给他，但是最后朱启钤还是把它交给了国家。现在这座宅子成了一个大杂院，不过基本格局保存得还可以。

梁思成与林徽因

说到这朱启钤，就从他这个宅子往南走，就会路过梁思成与林徽因（图10）的故居，也就是现在的北总布胡同24号院。关于这座宅子,有篇小说很有名,叫《我们太太的客厅》,这是1933年冰心写的一部小说,说的是一个资产阶级的太太整日无事可做,无病呻吟,在家邀请一些文人墨客喝茶聊天打发无聊时光。很多人认为小说是以林徽因的家作为范本的。

图10 梁思成与林徽因

这座宅子前几年也引起过一场风波,用流行的话说叫作维修式拆除,拆是事实,什么时候维修就不知道了。当时梁从诫先生亲自带我去的,实际上当时已经被破坏得相当严重了。

林徽因和梁思成对北京市的建筑、对中国的文物古迹的保护发挥了非常重要的作用。很可惜,梁思成一辈子呼吁保护古城、保护古建筑,最后连他自己的家都没有保护好。他家里原来是什么样子呢?林徽因20世纪30年代曾经给她的美国朋友写过一封信,里面详细地画过平面图,复原以后就是下面的样子(图11),看起来是座非常好的四合院,实际上非常拥挤,里面住了17口人。

梁从诫先生非常反感"太太的客厅"这一称呼,所以我当时写文章一直不敢以太太的客厅为名,而一些编辑为了搏人眼球,一再要求用这个名字。梁从诫先生出生在那里,6岁正逢抗日战争,林徽因和梁思成不惜抛弃家产来到内地,还做了许多考察研究、写了不少著作。关于他们的故事也是非常多,但遗憾的是这样一座非常好、非常有价值的宅院已经消失了。

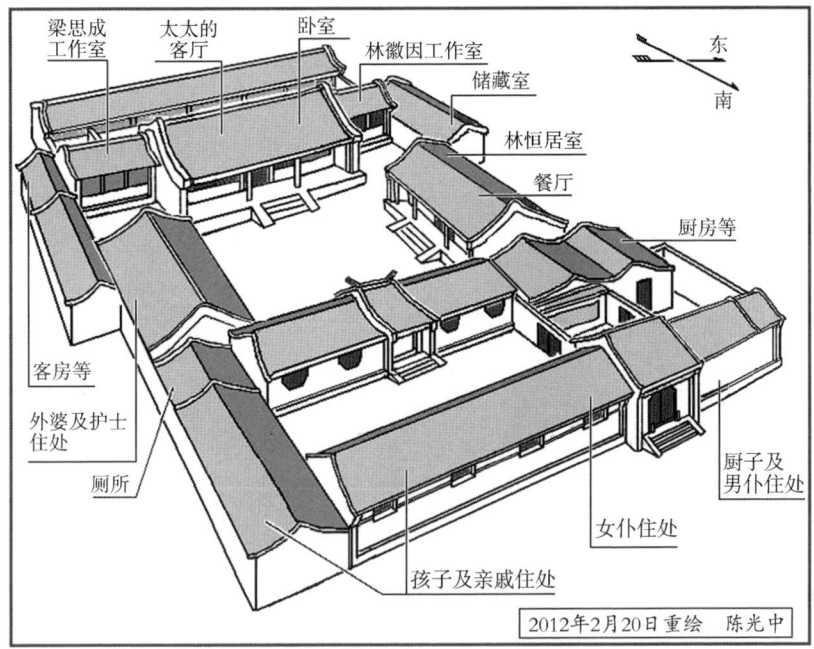

图11 据林徽因手绘图复原的梁思成故居图

龚自珍

我刚刚讲的很多名人故居都集中在东城区，应该说刚刚我们所走过的路只不过经过了四五条胡同，就集中了这么多的名人，事实上还有很多名人没有介绍。当然，北京还有其他很多名人聚集的地方，接下来就从菜市口开始讲起，菜市口的很多故居也即将要消失了。大家的脑海中先形成一幅图，菜市口大街以前是一个丁字路口，是清代的刑场，现在被打通，变成十字路口了。

我们先从菜市口西北部开始，带大家简单地浏览一下龚自珍故居（图12）。他是一位著名的爱国文学家，他的一句诗很有名："我劝天公重抖擞，不拘一格降人才。"晚年的时候，正值鸦片战争，他主动请缨上前线，但是突然暴病而亡了。他在北京住的地方是上斜街50号，原来是一个很大的宅子，后来捐给广东人做番禺会馆，现在已经变成大杂院了。

图12　上斜街50号龚自珍故居

上斜街这条街道挺有意思的。北京的街道总体上是横平竖直，但是也有一些斜街，上斜街就是其中之一。上斜街应该是古代河道形成的，有趣的地方在于它的房屋高于马路，如果像南方那样马路变成一条河，上斜街两旁的宅子就像江南的宅子了。

沈家本

从上斜街的龚自珍故居往南走，会路过金井胡同1号，这是沈家本故居——枕碧楼（图13）。沈家本是清末著名的修订法律大臣，法律专家，一直到现在，中国法律界还是将其尊为泰斗，有好多考试考的是他讲的常识。他最主要的功绩是什么？清朝时候，慈禧太后要改革，他修订了当时的著名法典《大清新刑律》，这是中国近代以来第一部刑法；他主持修订了《钦定大清商律》，这是中国近代的第一部商法。

图 13　金井胡同 1 号沈家本故居枕碧楼

他的这个住宅看起来和现代的住宅有点类似，但是实际上是 20 世纪初修建的，已经有一百多年的历史了。

杨椒山

从金井胡同 1 号往南走，会遇到一个东西向的胡同，也就是达智桥胡同，这里的 12 号是杨椒山祠（图 14）。杨椒山是明代人，他曾因弹劾当时的奸相严嵩而被迫害入狱，然后在西四路口被杀害。大家注意一点，西四路口是明朝刑场，菜市口是清朝刑场。两个路口的共同特点是都是丁字路口，丁字路口有一头是堵死的，在这里砍头，群众围观比较方便，如果是十字路口就不方便了。

杨椒山在达智桥胡同12号住过，他去世以后，没多少年就被朝廷平反了，后来这个地方变成了城隍庙。现代人知道杨椒山事情的并不多，但他有一句诗很出名，李大钊曾经用来勉励自己，叫"铁肩担道义，辣手著文章"。有人说应该是妙手著文章，这是用来夸别人的，杨椒山比较耿直，说自己的文章是辣手文章。清代乾隆年间在这里设了祠堂，咸丰年间设了一个亭子，把他当时弹劾严嵩的文章刻碑立在这个亭子（谏草亭）内，如今被居民用砖头围上，成了住宅（图15）。

图14　达智桥胡同12号杨椒山祠　　图15　自校场三条看谏草亭

朱彝尊

　　从这条胡同出来向东，过宣武门外大街有一条海柏胡同，海柏胡同16号是朱彝尊故居（图16）。

　　朱彝尊是什么人？大家可能对他不太了解。他是清代一位很有才华的人，曾以布衣身份参加过康熙年间的博学鸿词科的殿试。什么叫布衣？是指没有功名的人，不是秀才，不是举人，也不是进士，这算是康熙当时选人的一种手段。通过殿试以后，他被授予翰林院检讨这样一个官职，进朝廷当官了，可惜他有点不懂规矩，有一次私自带人进内廷抄书去了，结果就被贬回家，住在了海柏胡同

北京的名人故居

图 16　朱彝尊故居速写

16 号。他在这里住了几年,完成了一件很有功德的事,写了一部著作叫《日下旧闻》,汇集了 1 600 多部古籍的资料,对北京的街巷民俗典故方面进行了系统的总结。对真正想要研究北京历史的人,《日下旧闻》一定是必不可少的古籍。

邵飘萍

从山西街往东去,有个魏染胡同 30 号,是邵飘萍故居。邵飘萍(图 17)是中国著名的新闻记者。他有好多项第一,创办了中国第一个通讯社叫新闻编译社,撰写了中国最早的新闻学著作,应蔡元培邀请,在北大开办了中国最早的新闻学的课程。当时有好多人听他的课,最有名的就是毛泽东,毛泽东甚至还亲自拜访过邵飘萍。邵飘萍还创办了《京报》,他还是中国第一个用自备汽车的新闻记者,派头很大。为什么讲派头?那个时候是只重衣衫不看人,一个小穷酸记者想采访的话,恐怕没有人搭理你,所以他派头大,

图 17 邵飘萍

在没有汽车之前,他的黄包车都是擦得锃亮的。人家一看就知道是邵社长,就愿意接受采访。他的经营方式相当出色,不光办报纸,而且办了很多印刷业务,一些经验到今天也值得借鉴。最厉害的是他的笔头,鞭挞反动军阀毫不留情,所以冯玉祥当时称赞他说,飘萍一支笔,胜比十万军。当然了,他也得罪了好多军阀,比如张作霖,张作霖一开始想收买他,给他送钱,邵飘萍不仅退回了钱,还是照骂不误。1926年,北京政局发生了重大变化,张作霖率军进京,冯玉祥当时不在北京,他的军队要从北京撤退,派人专门三次动员邵飘萍。但是邵飘萍说我是一个新闻记者,我不能离开新闻第一线,于是他没有离开北京,而是躲到苏联大使馆里。报馆的业务总要有人管理,过了一段时间,有一个朋友跟他说,现在风声不是太紧了,你用不着害怕。于是有一天邵飘萍回到报馆处理业务,没有想到被他那个朋友出卖了,出胡同就被逮捕,于4月26号在天桥刑场被枪杀,应该说他是中国历史上为新闻事业献身的第一人。他非常讲究,有派头,一直到赴死的时候,都是带着金丝眼镜,穿着整齐,从容就义。还非常镇定地对监刑官说不劳远送。

林白水

当时有一句话,叫"萍水相逢百日间",其中的萍是指邵飘萍,水就是林白水。从魏染胡同往西走,有条胡同叫棉花头条胡同,棉花头条1号是林白水的故居（图18）。林白水也是著名的报人，甚至比邵飘萍的资历更老。他早年参加过同盟会，也是一名十分激进的革命党人，亲自参加过暗杀清朝官员。

他的笔头非常厉害，在慈禧太后70大寿生日的时候，他写了一首诗讽刺挖苦慈禧太后：

今日幸西苑，明日幸颐和，何日再幸圆明园？

四百兆骨髓全枯，只剩一人何有幸？

五十失琉球，六十失台湾，七十又失东三省！

五万里版图弥蹙，每逢万寿必无疆！

第一句说，今日幸西苑，明日幸颐和，何日再幸圆明园？当时的圆明园早已被焚毁，荒草遍地了。四百兆骨髓全枯，只剩一人何有幸？你把中国人全都压榨干净了，剩下你一个人还有什么可玩儿的？五十失琉球，六十失台湾，七十又失东三省，五万里版图弥蹙，每逢万寿必无疆！大清的版图是越来越小，你每逢办寿必定丢失疆土。

图18　林白水及其故居（故居摄于2002年）

林白水在奉系军阀进京之后，依然和邵飘萍一样坚守第一线，依然写文章痛骂军阀，得罪了张宗昌一个叫潘复的部下。他的文章比较狠，把潘复气得大哭，找张宗昌说必须杀掉林白水，张宗昌于是派人在1920年8月5日深夜到棉头条胡同1号抓捕了林白水。当晚北京市有十几名知名人士一起找到张宗昌求情，张宗昌实在抹不开面子，就下令说还是放掉林白水。结果潘复很坏，让他的部下说林白水已经被枪毙了，于是十几个人大哭而返，最终林白水也还是被枪毙了。"萍水相逢百日间"，说的就是在一百天之内，两位著名的报人被杀。

康有为

再向南走，米市胡同43号即是南海会馆，也是康有为故居（图19）。当年康有为戊戌变法前后曾经在这住过很长的时间，在这办《万国公报》，组织戊戌变法，开过不少会。院子非常大，有好几十个小院子，其中他住的地方叫七树堂，据说原来有七棵树，环境非常优雅。虽然南海会馆保存下来了，但是周边的街巷胡同被拆得干干净净，米市胡同、北大吉巷都被拆掉了，米市胡同南边甚至盖起了一排高楼大厦。

图19　康有为及南海会馆

谭嗣同

下面的照片是浏阳会馆，谭嗣同故居（图20）。谭嗣同是湖南浏阳人，戊戌变法六君子之一。1898年9月21号慈禧太后发动政变，囚禁光绪，搜捕维新派人士，据说当时梁启超动员谭嗣同逃离北京，谭嗣同留下一句很有名的话："各国变法，无不从流血而成。今中国未闻因变法而流血者，此之所以不昌者也；有之，请嗣同始。"他说这句话什么意思？纵观全世界改革、革命的变法，都要靠流血牺牲才能成功。就咱们中国还没有听到谁因为变法而流血，所以中国不能昌盛，如果需要有人流血的话，从我谭嗣同开始。所以他就没有逃走。当清兵搜捕那天，他就在浏阳会馆坐着等候清兵上门。9月28号，他在菜市口刑场英勇就义，离他家门口只不过百步之遥。

图20　谭嗣同及浏阳会馆

鲁迅

从这个胡同再往西去，还保留着南半截胡同7号的绍兴会馆（图21），也是鲁迅故居。1912年辛亥革命时候，鲁迅在南京临时政府教育部蔡元培的部下任职，之后教育部随政府北上，鲁迅也于

1912年5月7日到北京,住在绍兴会馆。当时宣武门南面那一带,有很多会馆,这是原宣武区最引以为自豪的地方。会馆是干嘛的?就是以前外地来北京参加考试的人,住不起旅店,没有地方可以住,那么一些在北京的同乡官员、商人出钱,修了会馆供他们住,到后来逐渐成为各地的驻京联络办事处。

图21　绍兴会馆

鲁迅在北京就住在他们老家的会馆,也就是绍兴会馆。鲁迅一共在这住了七年半的时间,从1912年一直住到1919年11月。这期间,他有个叫钱玄同的朋友,当时参加《新青年》的编辑工作,动员鲁迅为中国人做一点事。鲁迅说,中国是一间万难打破的铁屋子,里面有一些沉睡的人们,现在你一定要让我把这些人唤醒,让他们在绝望当中死去,你不觉得你太残忍吗?钱玄同回答说,只要有人醒了,你怎么就知道这间屋子没有被打破的可能呢?鲁迅讲,你这话对,都睡着当然等死,要有人醒了,没准就打破了。于是他拿起笔开始写《狂人日记》,第一次署名鲁迅。所以我们说鲁迅这个名字诞生在北京南半截胡同7号绍兴会馆,在此之前他用的一直是本名周树人。

后来鲁迅在北京有四处故居,从这搬到八道湾胡同11号,砖塔胡同61号(现在是84号),再后来搬到阜成门外宫门口西三条21号,他在北京一共住了十四年零三个半月。应该说在他56岁的生命里,他在北京居住的时间是相当长的。

菜市口地区的名人故居远不止我所介绍的这十几处,还有很多。

北京名人故居的现状

2005年的时候,北京市政协做了一个很有意义的调查,一直到现在,我们很多报刊、很多文章用的数字还是那个时候的调查结果。当时的调查结果是北京有308处名人故居,其中119处列为保护项目,其余189处未列入保护项目,而其中97处已在2005年之前被拆除。从2007年4月到2011年12月,北京普查了不可移动文物3 840处,唯独没有把名人故居作为一个单项列出,这些不可移动文物中有1 556处是古建筑,其中有一些是名人故居。但是,还有好多名人故居不是古建筑,而是近代建筑、现代建筑。

2012年8月30号,北京市旅游委公布了一件有趣的事,涵盖28家名人故居的"走进京城名人故居之旅"高端旅游线路向社会开放。这件事有趣在哪里呢?在这28家名人故居中,有12家原先就是对外开放的,那么其余的16家,它们并不能随便对外开放。这些故居的共同点是什么呢?它们绝大多数在今天都是大杂院,每个名人故居里都住着一户到几户人家。在既没有对建筑出钱维护,又没有对居民进行安置的情况下,怎么能随便把别人家的院子对公众开放呢?这事情做得确实比较离谱。

为什么我们一直搞不清楚北京名人故居的实际数目?其实就牵扯到下面这四个问题:第一,什么人算名人?比如林徽因算名人吗?可能大家看法就不一样。第二,什么算名人故居?是名人住过的地方就算,还是出生或者死亡的地方,还是说要有特殊的事件?比如,蔡元培在北京的故居并不是他的房子,并且他也没有在这里住太长时间。第三,什么样的名人故居应该保护?比如鲁迅的故居有四处,有人说保护其中一处就行了,有人觉得都要保护。第四,怎样保护名人故居?前面对外开放的12家,整修得很规整,没有人住在里面,没有生气。上海的蔡元培故居就比较有生气,他的后代住在楼上,楼下是作为蔡元培故居开放的。当然了,对这个问题大家可以提出自己的看法。

古城、古都——北京城的历史

韩茂莉[*]

---

[*] 韩茂莉,北京大学城市与环境学院教授、博士生导师,北京大学博雅特聘教授。主要研究领域为中国历史农业地理、环境变迁、历史社会地理。

京华往事（二）：一个历史地理的视角

今天和大家交流的题目叫《古城、古都——北京城的历史》。大家生活在北京，对北京都比较熟悉。无论从城市规模还是人口数量来看，北京在全世界众多的城市之中都可以称为一座特大型城市。那么，这样一座大城市为什么就在这片区域拔地而起，而不是在别的地方？北京这座城市产生和兴起的关键因素和原因是什么？这是我们今天要关注的一些问题。除此之外，我们还要讲一讲北京城发展过程中的几个重要阶段，以及在每个阶段中北京城的发展特征。

我们从《清史稿》这一段记载开始说起。《清史稿》是民国年间的一些文人编撰而成，它其实并不属于历史上官方编纂的二十四史。这本书中讲道：

> 顺天府，明初曰北平府，后建北京，复改。自辽以来皆都此。正统六年，始定曰京师……辽，南京，今城西南，唐幽州藩镇城也。金增拓之。至元而故址渐湮。元之大都，则奄有今安定、德胜门外地。明初缩城之北面，元制亦改。永乐初，重拓南城，又非复洪武之故矣。

顺天府就是当时设置在北京的一个行政机构。这本书告诉我们，顺天府在明初的时候叫北平府，后来兴建了北京。那么北京又经历过什么样的变迁呢？《清史稿》告诉我们，这里曾经是辽代的南京，辽代的南京城就位于唐代幽州城所坐落的位置，在辽南京之后，金中都也坐落在这里。到元代的时候，唐幽州城、辽南京、金中都都已经废弃了，元人重新选址建设了元大都。在明代，整个城市向南移动了一段，清代则基本继承了明代的城市格局。《清史稿》这段话虽然不长，但是把北京城最重要的历史大致描述了一遍。但

古城、古都——北京城的历史

是今天所讲北京城的历史,还要从更久远的史前时期开始,所以第一个要讲的就是北京的地理环境与史前时期的人类活动。什么叫史前时期?简单地理解,就是主要通过考古学方法去研究的那个时代。那个时期与后来的历史时期有什么区别呢?史前时期最大的一个特征就是没有文字,进入历史时期以后,人类已经有了文字,并利用文字去记载历史。在我国最早建立的朝代是夏商周,那么在夏商周之前,也就是距今约4000年之前的时期,就是史前时期。北京城所在的这个地区,在史前时期就已经有人类活动了,也正是当时这些人在北京周围开展的活动,为后来北京城的兴起与发展奠定了基础。

北京的地理环境与史前时期人类活动

(一)北京的地理环境:最重要的两个要素就是地形和降水

大家生活在北京城,应该很容易看到北京城西边和北边是绵延的山脉,而东边和南边则是广阔的平原。打开任何一幅北京地形图,都能够很容易地看到这两条山脉的分布状况。北京西面的山脉,近似于南北方向分布,这是中国一条重要的山脉——太行山。有人说太行山是中国大地上的一条脊梁,为什么呢?这条南北走向的山地构成了中国二三阶梯之间一条重要的分界线。太行山穿过了北京市所管辖的范围,于是北京市就被太行山分为东西两部分。太行山以东的这一部分在地理上被称为华北平原,太行山以西的这一部分,已经进入地理学上所讲的内蒙古高原,属于我国第二阶梯。那么北京市所包括的范围里,属于中国第二阶梯的是哪一部分呢?就是大家所熟悉的延庆区。如果大家留意看手机里的GPS,我们从北京经过八达岭到延庆一路就会发现海拔在逐渐升高。北京城所在的华北平原,平均海拔高度为50多米;越过八达岭穿过太行山进入延庆,海拔高度就上升到约500米。

北京的正北方还有一条山脉——燕山山脉。燕山山脉是东西走向，它和南北走向的太行山相交于北京。北京就位于这两条山脉所形成的夹角地带，位于整个华北平原的西北角，这就是北京城周边的地形环境。地理学界根据这样一种地形，将北京市所辖范围分为三大区域，北部山区、西部山区、平原区，这三个区域构成了北京地貌环境的基本形态。

除了地形之外，对北京市的环境产生深刻影响的地理要素就是降水了。北京由山区和平原两部分地貌组成，而不同的地貌状况下的降水量也是不同的。北京的平原地带面对东部的海洋，来自海洋的水汽主要降落在平原地区，因此平原的年降水量基本在 600 毫米以上，属于湿润半湿润地区所具备的雨量条件。北部、西部的山区，尤其是它们的背风地带，其降水量就明显低于平原地区，所以从降水量这个条件看，北京也分成了两个地带。地形和降水的条件，直接影响到人类在这里的生活与发展。

（二）史前时期北京的人类活动

史前时期是一个非常长的时段，考古学家根据人类打造工具的方式和人类的生产方式，把它分为两个阶段。前一个阶段被称为旧石器时代，后一个阶段被称为新石器时代，两者之间的分界线大约在距今 1 万年的时候。旧石器时代和新石器时代在工具制作过程中最大的区别是石器的制作方法。我们去博物馆参观，会发现旧石器时代的石器工具不是原生态的石头，而是经过了简单的打击，这就是旧石器时代人类创造工具的方法。新石器时代的工具则有所不同，是使用磨制的方法磨出来的，与旧石器时代相比，加工方式更为精细了。

除了工具制作方式上的区别，还有很重要的一点。在旧石器时代，人类谋生的方式是采集和渔猎。到了新石器时代，人类学会了种庄稼，也就是说农业出现了。

在非常久远的旧石器时代，北京就已经有人类活动了。旧石器时代可以分为早期、中期、晚期三个发展阶段，而考古学家就在北京分别发现了这三个不同阶段的古人类遗址：早期的北京猿人、中期的新洞人、晚期的山顶洞人。这三处古人类遗址都位于大家熟悉的周口店。

新石器时代也分为早期、中期、晚期。北京发现的相关遗址很多。属于早期的有门头沟的东湖林遗址、怀柔的转年遗址，属于中期的有房山的镇江营遗址、平谷的上宅遗址和北埝头遗址、昌平的雪山一期遗址，属于晚期的有距今 4000 年左右的昌平雪山二期遗址。这些被称之为某某遗址所标识的位置，大家都不太熟悉，因为那都只是一些村落，但是这些标识了重要遗址时段的村落，对于解读北京未建城之前这片土地上人类活动的历史有着重要的价值，因为一座城市不会从天而降。

在人类发展的过程中，火的使用是一个革命性的变化。这种变化对于人类发展来说，与后来电的发明和使用是有同等价值的。火的使用改变了人的食物制取方式，对于人的体格、智力等发展，都起到了巨大作用，可以说火的使用推动了人类的进步。北京猿人遗址中就有证据表明早在旧石器时代，当时的人类就已经在使用火了。

其实，早在 20 世纪初期，与北京有关的这些古人类遗址的发掘工作就经历了几个重要的发展阶段。1918 年，瑞典著名地质学家安特先在周口店进行考古发掘工作；1929 年，中国考古学家裴文中在周口店发现了第一位被称为"北京人"的头盖骨，从此揭开了我们对于北京市所在区域早期人类活动认识的一个篇章。

从旧石器时代一直到后来的新石器时代，北京周边的古人类活动越来越多，我们所发掘出的古人类遗址也越来越多。当我们把已经发掘出的古人类遗址标注在一幅地图上，就会发现一个鲜明的特征。这些古人类活动的遗址集中分布在北京北部和西部的山区，在平原地带非常少。为什么新石器时代的古人类遗址会集中分布在北部和西部的山区？有两个原因，我相信大家有一点是可以想到的，那就是北京城作为世界上的特大型城市，在几百年的城市营建过程中，可能毁掉了一些平原地带的遗址。毕竟考古学的兴起也就是一百年左右的事情，在此之前人们自然不会关注和保护地下的文物。与平原相比，北京周边的山地相对来讲人烟较少，也比较闭塞，所以为这些遗址的保存提供了条件。

另一个重要的原因，还是从地形的角度入手考虑。北京现今以平原为主的地区，在史前时期，应该有许多河湖沼泽分布，这与整个华北平原的腹心地带具有相同的特征。这种多水的环境，不利于古人类落脚谋生，相对来讲，比较高的山区反而是利于古人生存的。可以说上面这两个原因导致北京周边的新石器时代古人类遗址集中分布在西部和北部的山区。

（三）周邻地区的古人类

史前时期活动在今天北京范围内的这些先民，他们并不是孤立存在的，其发展与周邻地区古人类的发展存在着密切的关联。何以得知呢？新石器时代遗址中所包含的器物告诉我们，即便是在新石器时代，北京和周边地区也有了各种各样的文化往来。

以镇江营文化为例，镇江营遗址位于今天的房山区，属于北京西部山区。考古学家在这个遗址中所发掘出的器物上包含着一些文化要素——器物本身的形状、器物上的图案等。镇江营遗址中出土器物的文化要素，与位于今天河南的仰韶文化的一个分支——后岗一期文化有相似之处。这种相似之处意味着什么呢？大家知道，从北京向南有一条沿着太行山东麓的大道，经过保定、石家庄、邢台、邯郸进入河南。在那个久远的年代，古人就已经沿着这条大道有所交往了，可能有来自河南的人们，带着自己制作的器物，或者带着自己的制作工艺和绘图方法到了北京，于是我们从北京的镇江营遗址中发现了河南后岗一期文化的要素。

无独有偶，位于平谷区的上宅遗址也有相同的例子。众所周知，平谷位于北京东北方向。考古学家在上宅遗址中所发现的一些器物纹饰，在兴隆洼文化、沈阳新乐文化、辽西赵宝沟文化中都出现了。但无论是兴隆洼、新乐还是赵宝沟，今天属于内蒙古或者辽宁，都在燕山以北。这个现象说明在几千年之前，燕山南北两侧的人们也已经有往来了。

雪山一期文化是以昌平的雪山文化遗址命名的，在雪山一期文化的器物中，既包含了来自河南一带的仰韶文化，也包含了来自燕山以北的红山文化。所有这些告诉我们，远在几千年之前的史前时期，北京地区的人类活动就不是孤立的，而是有着东西之间、南北之间的往来。正是这些往来，对于北京城的形成与发展奠定了基础。也可以说，正是先民在东西南北各个方向上的流动和交融构成了北京史前时期的文化特点。

北京早期的城址及其变化

就在这样一个人口流动的过程之中，北京城最早的基础形成了，那么我们要谈的第二个问题就是北京城址的变迁和城市布局的改变。有关这个问题，侯仁之先生在其著作《北京城的生命印记》中，对于北京城历史发展各个重要阶段做了相应的研究。

大家或许都知道北京最早作为都城是辽南京，但是并不是说北京城的起步阶段就是辽南京。那么在历史时期，北京城早期的城址经历了什么变化？我们知道中国最早的两个王朝是夏商，北京也出土了一些夏商时期的遗址，其中具有代表性的是昌平雪山三期文

京华往事（二）：一个历史地理的视角

化、房山刘李店墓葬遗址、房山镇江营三期文化、平谷刘家河商代中期墓葬遗址、密云凤凰山遗址等。在这些遗址中，尤其值得注意的是平谷刘家河遗址。这座遗址中出土了一些青铜器，对于解读北京城早期的城市变化有重要的价值。这些青铜器有铁刃铜钺，有三羊罍，还有放在手臂上装饰用的臂钏和发笄。这些器物意味着什么？这需要和北京城的起步放在一起来讨论。

大家或许对燕和蓟这两个古国以及它们与北京城之间的关系都有一定的了解。其实一百多年来，学术界是经历了长期的讨论才逐渐形成了比较完整的认知，具体经过了什么样的讨论呢？

（一）关于蓟的讨论

蓟是在西周初期被周武王分封形成的一个诸侯国，这就是通常所说的"北京城的历史从蓟起步"，但是周武王究竟把蓟分给了谁？

第一种说法认为，周武王分封的是圣人之后，这圣人是谁呢？有人说，圣人就是尧。在中国古代有三皇五帝这种说法，尧就是其中之一，当然了，三皇五帝只是中国古人对我们祖宗的一种追忆。这祖宗是不是真的叫作尧舜？顾颉刚先生就对这个问题进行过解释。举个生活中的例子，大家都知道自己父亲的名字，也知道自己爷爷的名字，但是爷爷的父亲的名字是什么呢？恐怕很多人就不知道了，如果问爷爷的爷爷的名字，那大家应该就都回答不上来了。顾颉刚先生认为，古人的情况很奇怪，越是到后人，他们对于古代的圣人知道得就越清楚。这显然不是真的，祖宗一定是有的，但是他们究竟叫什么名字、做过什么事，恐怕很多都是后人附加上去的。但是不管怎么说，我们必须承认我们有祖宗、有圣人，那么尧就是传说中的圣人之一，他的后人被周武王分封到了这个地方。

第二种说法认为蓟是被封给了黄帝的后人。黄帝也是三皇五帝之一。所以前两种说法都认为蓟是被封给了圣人之后。

第三种说法认为蓟是分封给召公的,召公是周武王的兄弟。关于这种说法,有位叫朱彝尊的清代学者认为是"于褒封先圣之后则称蓟,于封功臣谋士则称燕"。也就是说,分封早期圣人之后叫作褒封,而分封功臣谋士就不叫褒封了。对于蓟和燕,蓟是分封给了圣人之后,而燕是分封给了功臣,后来大家比较认同这种观点。那么分封给蓟的这个地方具体在哪里呢?考古学者在北京广安门以外以及宣武门到和平门一带调查,曾经采集到了饕餮纹瓦当等建筑构件、夯土以及水井等遗迹,故而推测蓟城应当在这一带,它也就是北京城的起步。

(二)对于燕国的分封情况,20世纪也有很长时间的讨论

既然说燕国是分封给功臣的,那么这位功臣又是谁呢?有许多著名的历史学家参与了这场讨论,比如郭沫若、傅斯年、顾颉刚、齐思和。

郭沫若认为,燕是一个自然生长的国家,没有经过分封,只是与周人经过通婚之后形成了一种会盟的关系。他的依据是什么呢?那个时候已经有文字了,我们可以发现周武王灭商之前的卜辞,也就是刻在骨头上用于占卜的那些文字中,有一个"晏"字。他认为这个字就是燕字在甲骨文中的写法,在青铜器上金文则写成"郾"。总而言之,这几个字都是"燕"不同的写法,其内涵是一致的。既然如此,那就说明在商朝的时候,北方就已经有了这样一个国家。《史记》中有两条记载:"周武王之灭纣,封召公于北燕""封召公奭于燕"。周武王灭纣之后,将召公分封到了燕。

对于郭沫若的说法,傅斯年持不同看法。我们知道周武王灭纣之后,其都城在丰镐,也就是现在西安市西边。当年召公是辅佐周武王的,人在陕西,封国却在北京周围的蓟,封国离他这么远,对他来讲是非常不便利的。于是他认为召公当年被封的燕是在今天河

京华往事（二）：一个历史地理的视角

南西部的郾城。

顾颉刚先生也提出来了相似的观点，他也认为最初召公所分的地方就在河南的郾城，以后迁到了今天的山西，再继续向北迁，迁到今天北京附近。这与我们对于西周历史的认识是一致的。

钱穆在《国史大纲》中总结了西周的历史和领土扩展过程，形成了一个结论：西周的领土拓展过程，就是一个军事殖民的过程。也就是说，周武王分封的这些诸侯国，它们被分封之后，就开始向新的地区安家落户、通过武力拓展自己的疆土。顾颉刚的意思就是燕国国土伴随着军事殖民在扩展，从河南迁到了北京附近。

齐思和认为，那个时候人口少、土地多，既然有那么多土地，为什么把召公这样一个自家的兄弟分封到那么远的地方呢？另外到春秋时期燕国强大的时候，各诸侯国还觉得燕国是蛮夷，在周初又怎么可能是一个被分封的大国呢？他认为当时不止有一个燕国，北边的那个燕国在春秋后期才逐渐强大起来，是战国七雄中的燕；而召公是被分封到陕西一带的南燕，之后迁移到山西等地，到春秋后期逐渐式微。

总体而言，郭沫若和另外三位的观点是不大一样的。郭沫若认为燕是自然生长的，不是分封的，只是后来因其强大而给予的一种认同；其他三位学者都认为是分封召公没有错，但是分封的地点不在今天的北京，而在陕西、山西或者河南一带。还有学者提出虽然是封给了召公，但是实际上召公一直留在陕西辅佐周武王，是他的儿子来到燕实际掌控这块土地。

上面这些讨论都发生在历史学界，他们所依据的主要是传世文献中的文字记载。20 世纪 60 年代之后，考古学界又给我们对于燕的认识提供了新的强有力的证据。

刚才讲到，蓟的都城的范围是在广安门、和平门、宣武门以南的，或者说大概在今天北京城的城南一带。20 世纪 60 年代，在北京房山琉璃河发现了商周时期的一个重大的遗址,这座遗址的发现对于解读燕的存在、燕都城的位置提供了强有力的证据。20 世纪七八十年代,考古学家在琉璃河遗址中部的一个小村子——董家林村发现了一座商周时期古城的城址,这座城址的北墙有 800 多米长,南北墙之间有 600 多米宽,已经算是一座不小的城池了。不仅如此,城墙的宽度达到 10 米,城墙外还有 2 米多深的护城河。那么,这座城是什么年代的呢?它的主人又是谁呢?

通过 C^{14} 测定,可以测得它建成的大致年代,而判断这座城的主人身份还是需要依赖于更多的考古发现。考古工作者在距离这个古城遗址 800 米左右的黄土坡村发现了一个墓地遗址,这是一个庞大的墓葬群,有 300 多座坟墓,还有 30 多座车马坑。这些墓和车马坑里出土了许多青铜器,其中一些还有铭文,也就是刻着文字。这些文字可以弥补传世历史文献不知道的信息。在这十几座的大型墓葬之中,有一座最为重要。这座墓有四条墓道,按照那个时候的墓葬规格,它的主人的身份一定是非常高贵的,那它的主人是谁呢?墓中的两件器物——克盉和克罍上的铭文确切地记载了,受王命就封于燕的,确实不是召公奭,而是他的长子,名叫克。

这个发现证实了一些历史学家的推测,更加证明了《史记·周本记》和《史记·燕召公世家》中所说的武王灭纣后封召公于燕的记载是可信的。其实唐代有一位历史学家司马贞曾经为《史记》作注,在其著作《史记索隐》中就谈到了召公。他说,"召"这个字的本义是指在王畿国都之内的一片菜地,这片菜地被封给了奭,于是奭就成为召公,而他的儿子被封到了北方的燕国。

到这里又有一个新的问题,我们知道燕国都城遗址琉璃河在北京市房山区管辖范围之内,但是距离北京市区还是比较远的,而蓟城则是在北京市区之内,因此可以说蓟城才是严格意义的北京城的前身。但是,燕国的都城在之后发生了迁移,迁移到了哪里呢?迁移到了蓟城。这种迁移自然是有背景的，那就是燕国逐渐强大，灭掉了蓟国，占领蓟城之后，把国都迁到了蓟城。也就是说，我们所知道的北京城南广安门一带，最早是蓟城，之后是燕的国都。

为什么燕国要将都城迁到蓟呢？那自然是蓟城的地理位置十分重要。在古代，以北京为中心，有三条交通道路连接各个方向：一条沿着太行山东麓向南，经过保定、石家庄一直延伸到河南，就是今天的京广铁路北段；另外一条是从北京经过居庸关、八达岭，然后到达延庆，再经过宣化、张家口，进入内蒙古的道路；第三条是从北京出发向东北过古北口、喜峰口、山海关到达东北地区。其实直到今天，北京周边尽管有很多交通路线，但是其中最重要的还是京广铁路、京包铁路和去东北的路线。

当然，交通并不是唯一的原因，在进入工业社会之前，应该说良好的农业生产条件才是更为基础的一个因素。一个地方能够发展农业生产，才有大量的粮食，可以支撑这里人们的生活。北京属于华北平原的一部分，有平坦的土地、肥沃的土壤，是发展农业生产的一个良好地带。或许有人会说，华北平原哪里不能种地呢，为什么偏偏是北京这片区域形成了一座大城市？所以说，在农业基础之上，另一个附加的条件就是交通了，这种交通并不是指哪一条道路，而是几条道路的交汇点，即现在所说的"枢纽"。

正是因为北京城具备了这样的条件，因此燕国灭蓟之后将都城迁到了这里。当然，那个时候的北京距离今天这样一个规模的大都会还差很远，期间又经历了几个发展阶段。

北方的军事重镇

在北京没有成为一座都城之前，历史学界把它称为"北方的军事重镇"。凭什么叫作北方的军事重镇呢？从中国年降水量分布图上可以看出，中国有一条东北—西南方向的关键性地带，这个地带的年降水总量是 400 毫米。从人类的生产方式上来看，在 400 毫米的降水量线的以东、以南区域，属于湿润半湿润地区，可以发展种植业；而 400 毫米降水量线以西、以北地区，由于缺乏雨水，如果没有灌溉就种不了地了，那就只能发展畜牧业。于是，400 毫米降水量附近的带状区域，就被称为农牧交错带，也就是种植业和畜牧业的分界、过渡地带。

农牧交错带以西以北的区域，活动着非农业民族，可能是渔猎民族，也可能是游牧民族。北京距离农牧交错带如此之近，所以历史上北京自然而然地成为北方的军事重镇。

这种军事重镇与交通有着直接的关系。秦始皇在公元前 3 世纪统一了列国，对于中国后世的历史做出巨大贡献。其中就有"车同轨，书同文"，他首先把当时战国时期列国修的公路进行一番改造和连接，统一了这些公路的宽度，并且在公路两旁都种了树。这些公路有的叫直道，有的叫驰道。驰道连接着秦国各个区域，其中一条沿着太行山东麓地带一路向北，指向北方，最终到达燕，也就是今天的北京。

这条道路最终终止在燕，说明这个地方地理位置的独特性。再向北、再向西就要穿过农牧交错带，进入以畜牧业为主的地带了。所以说北京的位置决定了当时它是一座防范北方民族南下的军事重镇。

秦二世而亡，汉代继承了秦的许多制度，北京仍然是一座军事重镇。西汉时期实行郡国并行的制度，中央直接掌控的地方设置郡与县两级行政区，除此之外，还有一些贵族被分封到一些地方为王。北京附近就被分封给了贵族，前有燕王，后有广阳王。在西汉建立之前，这里有两个异姓王，分别是臧荼以及卢绾。西汉建立之后，这里逐渐就被分封到同姓贵族手中。首先被分封给了刘邦的儿子燕王刘建，然后是吕后家族的燕王吕通，再往后是刘邦兄弟的后人燕王刘泽,后来的广阳王也都是皇室宗亲。总之,这些人都是刘氏家族的成员。这个现象告诉我们,这样一座北方重镇,只有让刘氏子孙镇守在这里,中央政权才能放心。

北京附近的考古工作也给我们提供了燕王、广阳王存在过的一些物质性的记忆。丰台有一座大葆台汉墓,这座汉墓是一座庞大的地下木结构宫殿,其中有两座墓葬:1号墓墓主是广阳顷王刘建,2号墓墓主是他的妻子。这座墓的结构符合汉代贵族墓葬的形制,在内部结构中有棺椁、还有黄肠题凑。前些年在石景山老山又发现了一个西汉时期的墓葬,引起了考古学界的关注。根据推测,它的主人可能是燕王刘旦的王后,也可能是某一个广阳王的王后。这座墓葬同样有棺椁、黄肠题凑。黄肠题凑指的是将柏木去掉树皮,然后一段一段规规矩矩地排列,柏木心向一个方向。黄肠是柏木,题凑指的是摆列方向,当时的人相信它具有防腐的功能。

西汉时期,刘姓家族的成员在北京镇守边地,西汉之后,一直到隋,虽然名称、行政级别几经变化,北京始终是北方的军事重镇。在隋代,北京出现了一件大事——运河修过来了。当时隋炀帝开疆拓土,想要北上征高丽,即今天的朝鲜半岛。大军北上,粮草最为重要,而水上交通最为便捷廉价,于是为了运输粮草就开挖永济渠,将运河连通到幽州。

到了唐代,北京仍然是幽州所在的位置。在唐中期,中国北方设置了八大节度使,其中的范阳节度使就在今天北京一带,同样说明了北京作为北方军事重镇的性质。说到幽州,大家会想到一首古诗,那就是唐初诗人陈子昂《登幽州台歌》。"前不见古人,后不见来者"就是他在今天北京附近有感而发。

幽州城的位置与蓟城是比较相似的,也在今天北京城南一带。当年唐代的幽州城究竟是一种什么样的面貌呢?北京房山的云居寺留下来的石经之中,对幽州城内部进行了记载,记录了城内种类繁多的商店。虽然是北方边地,却有兴旺的商贸往来,城内一片繁荣景象。

蓟是北京的起步之处，位于今天北京城南一带，但是大家都知道，天津有个蓟县。这个蓟是在唐朝玄宗时期设立的，位于幽州的东部，当时管辖渔阳、玉田、三河几个县，之后逐渐发展到专指蓟县，它与我们所讲的北京城起步的蓟已经不是一回事了。

辽南京与金中都

在北京历史上，北方军事重镇这个地位持续了很长时间。一直到公元10世纪左右，当辽把南京城设置在这里时，北京城市发展才进入一个新的阶段。辽是由契丹人建立的，契丹人来自北方，是一个草原游牧民族。五代时，后晋的石敬瑭把燕云十六州，包括今天北京和山西北部的山区割让给辽之后，辽的土地从燕山以北深入到燕山以南地区，包括今天的北京。宋辽之间的分界线，就在今天河北的白沟一带。辽人实行五京制，"五京"分别是上京、东京、南京、中京、西京五座都城，实际上辽人最主要的都城是上京临潢府，位于今天的内蒙古巴林左旗境内，而辽南京只是它四座陪都中的一座。

辽南京基本是在唐代幽州城的基础上建立的，位于北京城西南部。其东垣在今烂缦胡同西侧一线，西线在今小马厂、甘石桥、双贝子坟偏西一线，南垣在今白纸坊东西街附近，北垣大致在今白云观以北一线。由这些街道所围起来的区域，大致就是当年唐代幽州一直到辽代南京城所在的位置。辽南京城的城墙周长是25里，城南有许多街道和商贸地点。当然，从那个时候到现在已经一千多年了，辽南京几乎没有什么东西留下来，现在考古勘探发现的主要就是它的位置。除此之外，大家可能还听说过双林寺塔，它是辽代兴建的众多寺庙中的一座塔，寺庙的主体建筑在时代变迁中不断翻新，唯独这座塔留到了现在。

继辽之后，北方又出现了一个少数民族政权，女真人建立的

京华往事（二）：一个历史地理的视角

金，女真人就是满族人的先祖，或者可以说满族和女真是完全一样的族群，只是后来名称改变了。女真人起步于长白山，后来发展到黑龙江一带，在今天哈尔滨附近一个叫阿城的地方建立了自己的政治中心。金王朝是从12世纪到13世纪由女真人建立的政权，其疆域从燕山以北的东北一直延伸到淮河流域。金王朝同样实行五京制，其中把金中都设置在了北京。金中都与辽南京虽然在地理位置上都在北京，但是它们的地位是不一样的，辽南京只是辽的一个陪都，而金中都是金最重要的都城，从海陵王完颜亮南迁之后，金代之后的帝王都居住在金中都。

完颜亮一开始是海陵王，之后弑君篡位，一度做过皇帝，但是后来也被杀了，有人认为他这个皇帝来路不正，于是后世不将他称为皇帝，而是称为海陵王。他做皇帝之后，决定将整个女真人的政治中心和都城全部迁移到燕山以南的华北地区，为了坚定这种迁移的决心，杜绝后代再迁回的想法，他将原来在黑龙江阿城的上京会宁府进行了全面毁坏，所以今天我们到上京会宁府，只能找到一些当年城墙的断壁残垣，里面的建筑全都毁了。

经过一番营建，海陵王于1153年正式迁都到金中都，从这年开始，北京城开始作为皇帝居所、帝国都城。通常说北京有800年的建都史，不是从辽南京开始算的，而是从金中都开始。

金中都与辽南京的位置基本接近，在北京城的西南部。金中都是接近于一个四方的城，其东南角在今永定门火车站西的四路通；东北角在宣武门内翠花街；西北角在军博南黄亭子；西南角在凤凰嘴村。金中都有几个特点：其一是宫城位置居中，皇帝所居住的地方就是宫城，在整个金中都的中部地带；其二是接近于《周礼·考工记》的记载，中都皇城之内、宫城之外布置行政机构及皇家宫苑。左侧设太庙，右侧设政府官署、监察机关，明确地向中国传统都城中"左祖右社"的布局靠近；其三是城内增建礼制建筑，如祭祀天、地、风、雨、日、月的郊天坛、风师坛等。

除了金中都城内的建筑，今天所说的燕京八景在金代也开始出现了。当然，"八景"在不同文献记载中的具体名称是有一些出入的，但是它们最初确是诞生在金代。这说明当时人们已经对金中都周围人文建筑与自然之间的结合开始关注了。

根据历史文献和考古发掘的记载，可以发现金中都整个城市接近于一个方形，宫城在城市的中部地带，同时城内有四通八达的街道等。这座城市在修建过程中，大力效仿了北宋都城开封府。

宋人所著的《三朝北盟会编》留下了一些与金中都有关的记载：

> 城之四周九里有三十步，自天津桥之北曰宣阳门（如京师之朱雀门），门分三，中绘一龙，两偏以凤，用金镀铜钉实之，中门常不开，惟车驾出入。两偏分双只日开一门，无贵贱皆得往焉。过门有两楼，曰文曰武，文之转东为来宁馆，武之转西曰会同馆，二馆皆为本朝人使设也。正北曰千步廊，东西对焉。廊之半各有偏门，向东曰太庙，向西曰尚书省。通天门今改为应天楼，观高八丈，朱门五，饰以金钉。东西相去里余，又各设一门，左曰左掖，右曰右掖。内城之正东曰宣华，正西曰玉华，北曰拱辰门。内殿凡九重，殿三十有六，楼阁倍之。正中位曰皇帝正位，后曰皇后正位。位之东曰内省，西曰十六位。

宣阳门是皇城的正南门，相当于唐代长安城的朱雀门所在的位置，进门之后有两个楼，代表一文一武，代表着国家文治武功的理念，然后在这两个楼左右又有会同馆、来宁馆，应该是为各国使节来往的人员所设置的。皇城内有一个千步廊，左右两侧分别是太庙和尚书省，太庙是皇帝的家庙，而尚书省类似于今天的国务院等办公机构；然后继续向北就进入应天楼，从应天门进入之后，有左掖、右掖两处建筑。继续向内走，可以看到内城东边和西边分别有宣华门、玉华门，正北方向的门叫拱辰门，这三座门与宣阳门构成了整个金中都皇城四周的四个门。在其内部有内省和十六位,应该是帝王妃嫔所居之地。在皇城内偏西的地方,还有同乐园这样的宫中花园,园中有鱼藻池。

可以看出,在那个时代的一座都城,已经在城市营建的过程中拥有了一些非常重要的特征,这些特征涉及了城市内的街道、城市之中最重要的一些设施以及宫殿。

元大都的建设与城市布局

蒙古人进入中原之后,灭掉了女真人建立的金政权,建立了大元政权。元世祖忽必烈虽然有意以金中都作为都城,但是金中都已成为一片废墟,最后在金中都城外东北另择新址,兴建了大都城。虽然元大都的时代距离今天并不近,但是有西土城、北土城保留下来,以它们为参照物,可以发现金中都与元大都位置的变化(图1)。

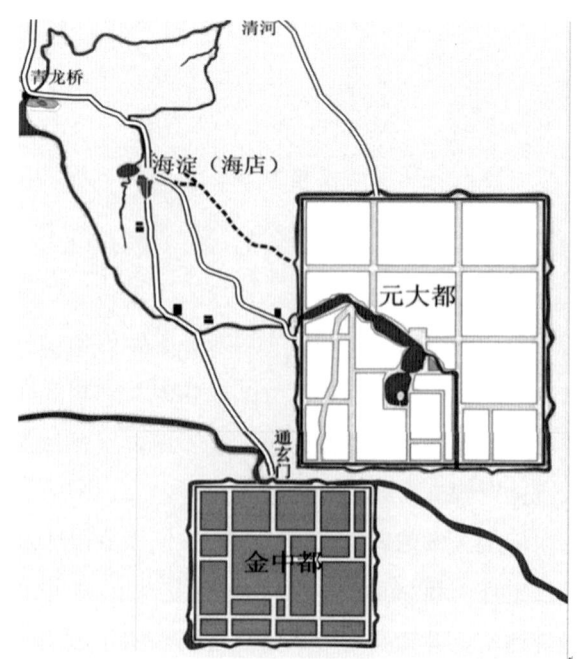

图1　金中都与元大都位置对比

主持设计和营建元大都的人是刘秉忠。经过考察、勘测，他们发现在金中都郊外北侧有一群湖泊，这就是今天的什刹海、北海一带，当时金人在这里已经建设了大宁宫，于是蒙古人选择在太液池，也就是今天的北海旁修建了三组宫殿：在湖的东岸兴建了宫城大内，在湖的西岸建了南北两组宫殿——隆福宫和兴圣宫，作为皇室的居所。

太液池东岸的宫城中心恰好位于全城的中轴线上。宫城的位置既已确定，然后沿宫城的中心线向北延伸，在太液池上游另一处叫积水潭的大湖东北岸，选定了全城平面布局的中心。在这个中心点上竖立了一个石刻的测量标志，题为"中心之台"。在台东15步，约合23米处，又建立了一座中心阁，其位置相当于现在北京城内鼓楼所在的地方。以中心台作为整座城市的中心，中轴线穿过中心台和太液池的东岸，设定东西、南北之间的距离，就确定了四面城墙的位置。

具体来讲，大都城西城墙的位置，正好是在积水潭西岸以外再加一条顺城街的宽度。理论上根据这样一个距离就可以确定东城墙的位置，但是可能由于那个位置附近有洼地，于是实际的东城墙稍稍内移了一点。南城墙大概相当于今天北京长安街的位置，再以中心台至南墙的距离，向北测定北墙的位置，就在今天北土城一线。整座城市是一个长方形的形状，而中心台就在两条对角线的交点。

城市内部有大街小巷，还有胡同。《析津志》中记载，大街宽24步，小街宽12步，胡同更窄。所以我们现在看到的北京各种街道的称呼，比如某某大街、某某小街，乃至于某某胡同，它们的宽度早在元大都的时候就确定了。

一般来讲，成人向前跨一大步就是3尺，也就是1米左右，这就意味着大街宽度大概就是24米，而胡同就是6~7米宽度的最低等级的交通道路。两条大街之间有10~12条胡同，例如东四二条、东四六条，就是自南向北数的第二条或者第六条胡同。

京华往事（二）：一个历史地理的视角

经过一番精心规划和设计之后，元大都成型了。在整个城市的东南西北四面都有城门，一共是11座。北面有两座门，一座是健德门，一座是安贞门。如今除了北土城还留了一段城墙之外，这些门早已不见了。但是我们在修建地铁10号线的过程中，在这两座门附近用的站名就是当年元大都两座城门的名字。东边、西边以及南边三个方向都各有三座门。如今，很多当年的门都已经更换了新的名称，但是有些门的名声一直很大。比如东侧靠南的齐化门，这个门影响的时间是很长的。到明清北京城，齐化门改称朝阳门，但是一直到20世纪60年代，老北京还是把这个门称为齐化门。南城墙偏东的门叫文明门，它还有一个名称叫哈德门，据说有一个叫哈德王的王爷住在这里，所以叫哈德门，也有人说哈德代表海岱，海自然指海洋，岱指的是泰山，都象征着东方，所以用来命名这个南城墙最东边的门。无论哪种说法是对的，哈德门这个名字在老北京口中流传了很久。

刘秉忠设计的这座都城，还有一个非常重要的特点。《周礼》中有一篇《考工记》，讲到了天子之都应当具备的特点，除了应当有纵横各三条道路之外，还应该具有"前朝后市，左祖右社"。皇帝办公的朝廷所在地，应该布局在城市的南部，这叫前朝；商业地点在北边，这叫后市。左祖就是皇帝祖宗的家庙；而社是社稷坛，就是祭祀国土和疆域的一个地方。社指的是土地之神，而稷指的是北方农作物谷子，加工之后就是小米。元大都基本上遵从了《周礼·考工记》的上述记载。在元代之前，汉唐宋的都城与《周礼·考工记》的记载都是不相符的，尽管它是一本儒家经典，统治者也并没有完全遵奉，唯独元大都基本完全做到了。元大都的皇城在城市的南部；而商业区集中在积水潭附近的钟鼓楼一带，是当年北京最繁华的地方。

元大都和后来的明清北京城的位置有一些区别。东西两列城墙没有什么变化，南北两面墙却发生了较大改变。明清北京城的北墙向南缩了 5 里，而南墙却向南推进了 2 里左右，从长安街一线推进到了前门一线。宫城也相应地发生了南北方向上的位置变化。元宫城北门厚载门大约在今景山公园少年宫南侧，元宫城南门崇天门在今故宫太和殿附近。元大都时，宫城的中轴线就是元大都城的中轴线，内部由两组建筑组成，分别是南面的大明殿和北边的延春阁：大明殿是"登极、正旦、寿节会朝之正衙"，也就是前朝，其殿基高十尺，殿陛三级，与今所见太和殿相仿；延春阁就是后宫。这两组建筑构成了前朝后寝的格局。

城市的内部被分为若干个坊，但这些坊和唐代的里坊制是不一样的，只有名称没有坊墙。今天在北京仍然能看到一些叫坊的地名，比如白纸坊、虎坊桥，都是从元代继承下来的地名。

由于整个城市的规划是非常严整和规矩的，两个大街之间是胡同，胡同走道的地方只有 6～7 米宽，两条胡同的建筑面积也是有规则的，这种规则决定了当时 8 亩地作为一个住宅的营建面积。据两条标准胡同之间的面积计算，如东四三条至四条之间为 80 亩，正好容纳 10 户人家。

明清北京城的改造

明清时期北京城继续作为全国统一王朝的都城，在这两代，尤其是明代又对这座城市进行了一番改造。

由于元末的战争，元大都北部受到破坏，变得十分空旷，于是明朝将北部的城墙向南缩了 5 里地。除了城市的外墙进行了移动，皇城也发生了移动，但是仍然按照《周礼·考工记》的规则，在中轴线的两侧修建了太庙和社稷坛。元代的太庙和社稷坛距离中轴线比较远，今天已经不存在了。但是明代修建的太庙和社稷坛，一直保留到了今天。太庙就是今天天安门东侧的劳动人民文化宫，这是明清两代帝王的家庙。社稷坛，就是今天天安门西侧的中山公园。

在中山公园有一座建筑叫中山堂,中山堂正对面这个地方叫五色土,五色土就是重要的社稷坛。古人的理念认为,中国中心地带为黄土,另外东西南北四个方向土壤的颜色分别为青色、白色、红色和黑色,五色土代表着国家疆域江山。

除此之外,明朝在承天门和大明门之间安排了中央衙署,在元代中心阁的位置修建了钟鼓楼,在距城南北中轴线中心点的那个位置堆了景山。为什么要造这座山呢?因为修建护城河挖出来的土,正好堆成一座山,而且当时的人相信这座山可以压住前朝的帝王之气。

沿着中轴线从正阳门经过大明门到承天门,承天门就是天安门,之间这个地方叫千步廊,千步廊的东西两侧就是今天的天安门广场。当年这个地方不是广场,除了千步廊走路的这个狭长地带之外,分布着中央衙署(相当于今天的国务院各个部委),以及中央军委各个办事机构。以上是明代北京城在改造过程中拥有的特点。

将元代和明代的城墙做对比,可以发现明代北京城北墙和南墙都向南移动了,城门的名称也有了变化。明代的北城墙出现了德胜门、安定门,南城墙从今天的长安街一线向南移到了前门一线,南面的丽正门、文明门、顺承门名称没有变化。这是明朝前期具有的特点。

除了上述改变之外,明城墙还在元城墙的基础上做了包砖。元代的城墙是夯土做的,外面并没有包砖,明城墙则是砖砌城墙。到1553年嘉靖年间,蒙古人屡屡南下,于是有人就提出建议,在已有城墙的外围再修筑一圈城墙加固北京城防卫。经过反复讨论,朝廷决定修筑外城,那么从哪里开始修呢?有人建议从南城开始,因为南城有天坛和先农坛,皇帝每年都要到这里祭祀,另外这边还有不少百姓,如果蒙古人南下就危险了。所以外城也就从南边开始修建,但是刚把南边修好,国库没钱了,于是只好只修建了南边的外墙,这样北京城就留下了"凸"字形结构的外城轮廓。

古城、古都——北京城的历史

　　明代修建了新的宫城，也就是今天的紫禁城。在这个宫殿群的正南面就是午门，从午门跨过金水桥有皇极门、承天门等，进入内部就有皇极殿、中极殿、建极殿三大殿。三大殿的名称到了清朝有所改变，那是因为避讳，清朝第二位皇帝清太宗皇太极的名字中有"极"字，于是都改成了"和"字。除了这三大殿之外，还有内廷三殿，为乾清宫、交泰殿、坤宁宫。整个紫禁城东西两面设有东华门和西华门，北面在明朝称为玄武门，这是按照天上的星宿命名的，但是大家知道它现在叫神武门。从玄到神，仍然是避讳，康熙皇帝的名字叫爱新觉罗·玄烨，有个"玄"字，皇上的名字是不能读的，所以改成了神武门。于是紫禁城的基本形制在明朝就奠定下来了。

　　进入清代以后，整个城市没有根本性的变化，变化了的是人。从清朝满洲人进入北京之后，内城的汉人统统迁入南城，就是当年的崇文、宣武两区，然后满八旗进驻内城。满八旗按照方位排列，北面是正黄旗、镶黄旗；东面是正白旗、镶白旗；南面是正蓝旗、镶蓝旗；西面是正红旗、镶红旗，构成了满八旗的驻兵形式。

　　由于人口的迁入，文化就发生了变化。北京的内城在清代具有一种满清贵族和满族文化的特征，汉人除了个别官员，大多数都迁到了外城，外城就有了平民文化的特点。同时，清朝规定内城不允许喧哗，那些做买卖的商号以及戏园子等，在内城就不多了。内城主要做买卖的地方，在清朝前期就是东四、西四、鼓楼前，在清朝晚期修了前门火车站后，这里又变成了一个新的商业中心。

　　至于大街小巷沿街叫卖的那些热闹的商号，主要集中在南城一带。南城成了当时北京城最繁华的一个地带，除了汉人居住在这里，各地考试的举子都在这里，还有很多著名的老字号等。

　　这里强调一下，在当年明朝修建千步廊的时候，在千步廊的顶端修建了一个门叫大明门，清朝时这道门改名为大清门，民国时改为中华门。这座门可不是随便什么人都可以从这里经过的，比如说皇帝大婚，只有正宫皇后大婚可以从这里经过，至于选秀的那些妃子都从东华门出入，所以说这座门代表着这个国家的权威。当然了，今天天安门广场经过改造，这一切都不存在了。

　　北京城的发展经过了漫长的历史。美国人说他们能够营建一座纽约城，营建不了一座北京城。所以1949年之后，梁思成建议老北京原封不动地保留着，另外在北京城的西侧营建一个新北京。这样新北京具备首都的功能，老的北京城却不至于被破坏。但是当时建设部的官员们提出了另一种意见，他们坚持就在原有北京城的基础之上加以利用。当然最后他们的方案占了上风，有了这一番"利用"，老北京就不可能再保存下来了。

　　我们的课程讲完了。大家以后有机会，在天气好的时候可以去城里逛逛，看一看留到现在的老建筑。

侯仁之：城与守城人

陈雪霁[*]

---

[*] 陈雪霁，北京大学党委宣传部海外传播办公室战略创意高级主管，融媒体中心深度主笔。主要研究国际传播学、文化产业管理。出版专著《冥想盆与蒙太奇》。

京华往事（二）：一个历史地理的视角

与时间和空间打了一辈子交道，他说，"没有记忆的人是不完整的人。"历史的经线与地理的纬线纵横交织，围起人类共同记忆的城池。他在时，一生守着这记忆，离开后，他也成了人们的记忆。今天，是他的第110个生日。记忆们浮出水面。

侯仁之题写的未名湖石碑

命运夹在书里

进入北京大学（以下简称北大）东门，沿着轴线一直走，一座中西合璧式建筑扑面而来。进到四层南侧的房间，层层书架环绕排布。曲径通幽处，三面书柜合抱出一块空间。学生们或支开笔记本电脑坐在桌前，或握一屏手机穿梭于过道。游走在电子屏幕与玻璃柜门间，年轻人与一座座古老的时间与地貌错肩又相遇。

建筑是北大图书馆，房间是馆里的名家阅览室。书柜里，是北大教授侯仁之捐给学校的毕生藏书。除了书，还有很多珍稀的地图、手稿、音像资料。比起一间大阅览室，这里更像一座迷你博物馆，也像一个时光机。

北大图书馆名家阅览室

人们叫侯仁之历史地理学家，中科院院士，北大教授……诸多尊号。在这方空间里，他只是一个记忆的守城人。时间的记忆涂在书页里，空间的记忆画在地图上，他全都拾起，收好，然后把自己的人生抹进注脚。

侯仁之与夫人在图书馆前

京华往事（二）：一个历史地理的视角

从 2002 年起，侯仁之多次向北大图书馆捐书，赠书内容涉及政治、军事、文化、文学、历史、地理等多个学科领域。赠书多数是他的个人藏书，也有少量其夫人张玮瑛的藏书。许多书的扉页上写有亲笔题记，字里行间，记下了许多故事。

侯仁之喜欢以图书作为生平经历的重要事件的纪念。为了纪念 1984 年 7 月 7 日在利物浦大学接受荣誉科学博士学位，他在 Geography and Marxism 一书扉页上留下题记。

> 仁之，1984 年 7 月 7 日
>
> 在利物浦大学接受荣誉科学博士和出席传统晚宴后，又前来剑桥大学谒见老师德贝教授并拜访李约瑟博士，下榻"蓝豹"，首往"海佛"购得此书以为纪念。

他也喜欢用图书串起日常生活的碎片。1944 年，他购得《亭林诗文集》，便在扉页上留下题记，顺手记下当时市场上玉米面的价格：

> 甲申上元后三日，病初愈，访鼓楼东文运堂，以肆元购此，时玉米面每斤四元二角。
>
> 仁之自记
>
> 天津

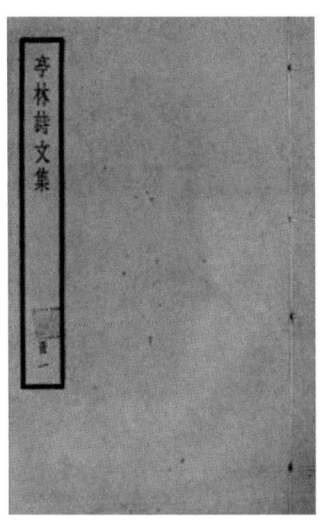

书组成了生活,也记录了人生。瑞士作家 Emil Ludwig 所著的《尼罗河》(*The Nile*)一书,对侯仁之影响至深。他曾几度拥有此书,得而复失,失而复得。

1941 年,侯仁之偶然在北大临湖轩客厅中发现此书,后来学校遭到日寇封闭,他被日本宪兵逮捕。不想虚度狱中时光,他比照此书,打着腹稿,试写《黄河传》。

抗战胜利后,司徒雷登把此书送给侯仁之作纪念,并在扉页上题词:"苦难的遭遇,已经忠诚不渝地忍受过,现在在欢愉中结束了。"而后的几十年里,因环境动荡,这本书不知去向。

1984 年,侯仁之在美国康奈尔大学附近的旧书摊上,偶然发现一本黄色精装本的《尼罗河》。他兴奋得"如睹故人",在午夜时分写下一篇题记,并把题记精心粘贴在该书扉页上,连同其他书邮寄回国,谁知在邮寄途中再度遗失了。

京华往事（二）：一个历史地理的视角

侯仁之为此惋惜良久。没想到在 1991 年到美国讲学时，奇迹又一次出现：他又访得了这本书，恰好是在第一次阅读的整整 50 年之后。他在书的扉页上写下自己的心情：乐不可支。

侯仁之把毕生藏书都捐给了北大图书馆。2012 年，以侯仁之伉俪命名的"仁之玮瑛藏书数据库"在北大建立并发布。关于夫妇俩的生平、赠书的种种故事，皆以文字、照片和视频的形式收录其中。他们捐给图书馆藏书达 2 000 余册，地图 300 余种。

侯仁之收藏的十三陵水库预想图　　侯仁之《记米万钟〈勺园修禊图〉》手稿

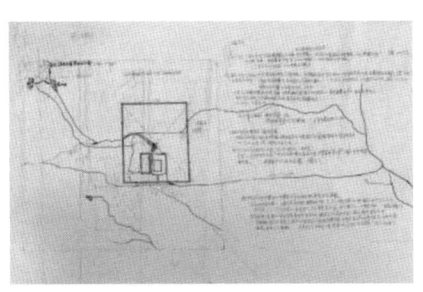
侯仁之手绘"元大都水系图"

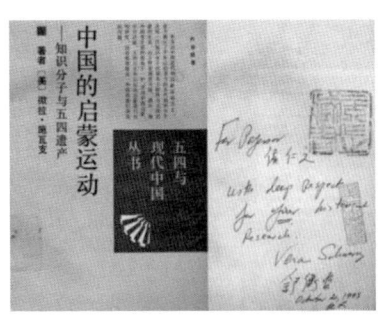
美国汉学家舒衡哲题赠侯仁之
《中国的启蒙运动》

在北大学习工作一生,侯仁之说,这座园子是他最爱的地方。校园里,"最喜欢的就是图书馆。"

捂热冷学科

侯仁之,被称为中国历史地理学史上的一代宗师。

1932年秋,侯仁之被保送进入燕京大学历史系。"整个校园风景秀丽,光彩焕发,洋溢着蓬勃向上的朝气",是他初入学的第一印象。

京华往事（二）：一个历史地理的视角

在燕京大学，侯仁之遇到了恩师洪业。大二时，他接触到洪业的《勺园图录考》，虽然不属于正式的学业课程，但研究的都是身边的实地环境。这引起了历史系学生侯仁之对地理考证的兴趣。

1932 年侯仁之初入燕京大学

"正是洪老师关于校园历史的研究，引导我进行对于北京西北郊区历史上著名园林区的实地考察，进而又扩大到对整个北京地区开发过程的研究。"侯仁之的足迹从燕园扩大到海淀周边，再扩大到整个北京。

洪业发现侯仁之的学术兴趣已经从历史学转向历史地理学。1938 年一个春天的早上，他给侯仁之打了个电话。

洪业号煨莲，侯仁之称他"煨莲师"。"按习惯我去看煨莲师总是在傍晚或晚间，现在竟然约我在早上去，必有急事。"他匆匆赶到燕南园 54 号院，进门刚一落座，老师就大声对他说："择校不如投师，投师要投名师。"侯仁之有些茫然。

洪业建议他去英国专攻历史地理学。"利物浦大学虽然论名气不如哈佛，但那里有一位地理学名师，可以把你带进到历史地理学的领域里去。"

就为这两句话,侯仁之背起行囊,远赴英伦,"这也终于决定了我一生深入进行学术研究的道路。"

到英国后,侯仁之顺利通过口试入学,师从历史地理学家达比(Sir H. C. Darby)教授。他格外珍视这机会:"我对英国学生说,你们在此一世,我在此只有三年,你们可以大玩大乐,我得好好利用我的光阴!"

1948年,侯仁之于利物浦大学宿舍区留影

在利物浦大学,侯仁之领悟了什么才是"历史地理学"。达比教授"今天的地理,明天就成为历史地理"之论,令他茅塞顿开。

据专家考证,地球诞生于约45亿年前,如果以人类文字出现作为历史地理学研究的时间上限,最多只有五六千年。侯仁之大胆提出"中全新世以后的历史时期"概念,认为历史地理学所研究的,应当是"人类活动对地理环境开始产生了日益显著的影响以后的时期"。

全新世是一个地质学的概念。它将地球的历史划分为"宙":45 亿年前的叫隐生宙,5.7 亿年前进入显生宙;显生宙下又分为古生代、中生代、新生代;"代"下又分纪;"纪"下又分"世";第四纪只分了更新世、全新世两个世。目前的 21 世纪,应当是显生宙、新生代、第四纪的全新世。

侯仁之认为,历史地理学研究就是全新世,起码应当是中全新世,即新石器晚期。

1949 年,侯仁之学成回国。回国后,他首先引进现代历史地理学的理论与方法,并将其纳入近代地理学体系,为我国创立了一个新的学科。

1952 年,侯仁之转入北京大学地理学系工作,培养了中国第一代历史地理学研究生、博士生,并一直为有关城市规划做贡献,直至百岁高龄、荣誉满身。

"只希望对我的这些奖励,能够引起人们对历史地理学的关注。但是更期待着我所从事的'冷'学科后继有人。"

获得博士学位 35 年后,1984 年,利物浦大学授予侯仁之荣誉科学博士学位,侯仁之代表应届毕业生及荣誉学位获得者致辞。

1984 年,侯仁之重返利物浦大学宿舍

他借用达比教授就职演说的最后一段,作为他的致辞结尾:

"立足于接触交往普及于全球的利物浦城之内,我不能不想到举国内外的地理学家的观点,对于未来的'新世界',不是毫无关系的。这个'新世界',我们希望就是我们的'未来'!"

血肉相连

1993年,北京新门户——西客站开工兴建。

最初选址,曾考虑利用莲花池,因为这里池水几近干枯,方便地下建筑,且没有居民搬迁问题。

侯仁之坚决不同意。他早就考证过,莲花池畔是北京城的起源地。他以八旬高龄现场查勘、呼吁,反复奔走,强调莲花池和北京城"血肉相连"的关系。最终,北京市政府把西客站主楼往东北移了100多米。

1993年,侯仁之在金中都建城840年纪念会上作报告

时任副市长汪光焘很了解侯仁之为何忧心忡忡。在他的建议下,1998年,北京市委邀请侯仁之作报告。面对坐在面前的高级干部,侯仁之作了"从莲花池到后门桥"的报告,直言北京城名胜保护不足,话并不好听:"后门桥残破的情况我感觉是挺可悲的。"

后门桥是北京城中轴线最初设计的起点。当时，两边石桥栏破损，水面用广告板挡起来了，"说句不好听的话，那是用来遮丑的东西。"侯仁之当面向市领导演示自己绘制的地图，建议恢复莲花池的水源，再现历史风貌。

北京市政府最终采纳了侯仁之的建议，对莲花池进行环境治理，引什刹海水，恢复后门桥河道水上景观。2000年12月21日，修复开园仪式举行。在这之前的几天，侯仁之摔了一跤，他仍坐着轮椅到场。因为总在惦记莲花池之事，在医院看病取药时，他也会随手在药盒背面写下自己的想法。

一位居住在莲花池附近的长者说："以前这边就是个大水坑，我儿子小的时候到水坑里抓的鱼，回家都不能吃，一股子汽油味。现在到了夏天，这一池子的莲花，别提多好看了。"他并不知道谁是侯仁之。

2000年，侯仁之夫妇在莲花池畔

2001年年初，北京市领导请侯仁之为后门桥西新造的石桥命名。侯仁之建议：什刹海上前后两桥，金银并称，西北岸上胡同两处，以大小金丝套为名。北京"金锭桥"由此得名。

侯仁之还提出了北京城市规划设计中的"三个里程碑"，指出中轴线上的紫禁城、天安门和奥林匹克体育中心的重大意义，对决策部门产生重要影响。他发表《迎接北京建城3035周年》，第一次考察出北京建城时间。广安门外建起蓟城纪念柱,侯仁之亲自撰写《北京建城记》碑文。

在他之前,没有人这样了解北京。他是第一个能说出北京城年龄的人,他在英国写的博士论文,也是关于北京的。人们称他:"北京活化石"。

"一个人,绝不可以忘记自己的过去,一个如北京这样的历史文化名城,也绝对不可以忘记自己的起源。"原北京市规划委员会主任黄艳还清楚记得侯仁之这句话。

侯仁之作关于北京城市规划的报告

1980年,侯仁之赴美讲学,学校交给他一项任务——应匹兹堡大学师生的强烈请求,为该校带去两块中国城砖。两块砖总重近50千克,由于不便携带,就请侯仁之先将两块城砖的照片和文字拓片带去,由他代表北大赠给对方。

侯仁之纳闷,为何对方对两块砖有那么大兴趣?去了才知,匹兹堡大学有间"中国教室",想把两块城砖镶嵌在教室墙上。知道城砖上有字后,他们决定将城砖放在图书馆公开展览,并举行了隆重的赠送仪式。

侯仁之感慨万分,"我们还有无数更为珍贵的东西,尚未得到如此的重视与爱惜。"

1984年，侯仁之在美国康奈尔大学讲学时接触到《保护世界文化和自然遗产公约》，认为中国加入该公约刻不容缓，归国后立即以全国政协委员的身份起草了一份提案，为国家所采纳。中国最终成为了世界遗产公约缔约国，人们称他："中国申遗第一人"。

1999年10月，侯仁之获何梁何利基金年度科学与技术成就奖。两个月后，美国地理学会授予他"乔治·戴维森勋章"，他成为全世界获此殊荣的第六位科学家。

1999年，美国地理学会授予侯仁之院士"乔治·戴维森勋章"

"我们今天生活的地理环境为什么会是这个样子,有自然的因素,但更多是人为的因素——要发展就必须了解过去。一个人如果忘记了过去,就等于没有了记忆。没有记忆的人是不完整的,他的发展方向更无从谈起。"侯仁之说。

"好极了"

历史,地理,本质都是对人的探索。侯仁之除了忙活历史地理,就是忙活人。身为老师,他很关爱年轻人。年轻人对他讲述什么事情,他的口头禅常常是:"好极了!"

北京市社会科学院研究员尹钧科,说自己"有幸两次考入北京大学",师从侯仁之读研究生。

1965年,尹钧科在报到后的第二天,到燕南园61号拜见导师。当年北大地质地理系一共招收了八名研究生,其中七名是北大本校毕业的,只有尹钧科一人是从山东师范学院考来的,他感觉自己"比那七位同学矮了一大截"。

侯仁之感受到这个孩子流露出的自卑心理后,笑了,"不能这样想。"他告诉尹钧科:"你们同年入学,如同身高相等。至于三年后谁高谁低,那就看各人努力的程度了。"

三年后,尹钧科顺利进入撰写毕业论文的阶段。侯仁之想让三个研究生都撰写有关城市历史地理方面的论文,但尹钧科因在城市生活时间不长、在山东农村长大,几番思量,决定围绕北京郊区村落选题作论文。

尹钧科去了趟导师家里,把"自作主张"的论文题目想法汇报给侯仁之,并做好要挨批评的准备。侯仁之听后,又一次笑了:"好啊!"

侯仁之说,在还没有人对北京郊区村落进行研究时,有人做这件事,就是创新。

1962年，侯仁之在家中向学生介绍到各地考察的见闻

1978年，恢复招考研究生制度后，尹钧科再度考取北大，跟着侯仁之参加城市规划实习。

一天，尹钧科陪同导师，从北大的蔚秀园到燕南园去。从北大西门向南走了不远，侯仁之突然停下，指着身右校墙下部一处拱形的墙壁，问："北京大学西校门的门牌号是什么，你知道吗？"

尹钧科一下被问懵了，"我真的不知道。"

侯仁之告诉他，"是漏斗桥一号。"他边走边解释：这弧形墙壁下，原本有一条河道，是从畅春园流入北大校园的清代私家园林河道；墙外原本有座石桥，名叫漏斗桥，水通过墙下拱洞流入校园的水泊。所以北大西门的门牌号，是漏斗桥一号。

尹钧科满心佩服，还有哪位老师能随时随地这样教导学生吗。

1978年，侯仁之在圆明园遗址给学生上课

北大教授邓辉还在读大三时，斗胆将自己的一篇论文寄给侯仁之。两周之后，他就收到了侯仁之的亲笔信以及赠书。另一位教授于希贤当年慕名到北大拜访侯仁之，扑了个空，就留下自己研究滇池与徐霞客的论文，写上住址。没想到第二天，侯仁之就骑着自行车去找他。

北大原常务副校长王义遒说，侯仁之身上有股"强烈的爱国心以及对后辈的提携之心"。评剧艺术家新凤霞对王义遒多次讲过，她从前不识字，侯仁之亲自教她认字，是她的启蒙老师。

侯仁之与学生们在燕南园

四川师范大学教授李小波回忆，侯仁之总是笑容可掬，无论与谁交谈，都欠身倾听。原北大党委副书记郝斌说，自己还是学生时，侯仁之已任北大副教务长，每次要打电话给他，总是忐忑不已。但对方接起来一声"喂"后，总是同样一句自我介绍：我是侯仁之！五个字节，字字清晰。

侯仁之常说："记得在我上中学的时候，有一天妈妈对我说：'等到有那么一天，我能坐在课堂里最后一排的位子上听你讲课，该是多么高兴啊！'遗憾的是，不久她便与世长辞了，妈妈没有看到这一天。"

京华往事（二）：一个历史地理的视角

他用一生弥补了这个遗憾。桃李天下，他的一辈子，都在讲课。

擦了又写，擦不去的

凡是登门拜访过侯仁之的人，都对告别的细节印象深刻。

侯仁之腿脚不便，会向客人合掌道歉，送至客厅门口，夫人张玮瑛则无论冬夏，一定要送出大门，鞠躬致意，直至目送客人到看不见背影为止。

作家陈光中因为去拜访的次数多了，熟起来后不再过于拘礼，往往等到话题一落便立即起身，说一句"您千万别送，我自己关门！"然后拔腿就"逃"，头也不回。"若是慢一些，张先生肯定要跟出来的。"

历史学家张玮瑛，是侯仁之的夫人，也是他在燕大的师姐。二人在这座园子里相识，相知。

在燕大上学时，教授洪业的课在北大俄文楼一层南头的教室。侯仁之来听课，与一位梳着两条小辫的女孩坐在前后排。女孩就是张玮瑛，早他一年入学，小他四岁。

侯仁之与夫人张玮瑛

两人同室听课,课余去图书馆查阅资料。张玮瑛不太讲话,侯仁之欣赏她的文静。张玮瑛则称赞侯仁之"用力之勤一丝不苟","知行合一"。

共同的兴趣使两人逐渐接近,课余有时在适楼南门外会面,最常去的地方,就是图书馆。"从图书馆出来,仁之总是先送我回到女生二院,再返回未名湖北岸的男生宿舍。"张玮瑛这样写下。

1939年8月,两人在燕京大学临湖轩东厢结婚,校长司徒雷登任证婚人。

侯仁之与张玮瑛结婚纪念

京华往事（二）：一个历史地理的视角

结婚第二年，侯仁之掩护抗敌救国的学生分批离校。1941年，燕大遭日本宪兵查封，二十几位师生被捕，侯仁之是其中最年轻的一位。"好多人还不晓得，我这位院士曾是个'囚犯'。"

1942年6月，侯仁之被保释。入狱时是严冬，出狱时已是盛夏。侯仁之心里极其惦念妻子，"入狱前她已怀孕，被岳父母接到天津避难，一直音信茫茫。"

侯仁之匆匆在同事家换上夏装，在理发店剪掉乱发，马上动身前往天津。到岳父家已是夜深人静，灯光下，他看到妻子在蚊帐里熟睡，旁边有一个4个月大的婴儿，像大船旁边一只小小的救生艇，与母亲相依为命。

张玮瑛从梦中惊醒，抓住他问："真的回来了吗？"

从此，侯仁之居留在天津避难。先后在私立达仁商学院、法国天主教创办的工商学院任教，妻子也来支持参加教学。

侯仁之夫妇与女儿侯馥兴

侯仁之去英国读书时，只能通过书信与妻子交流。家书抵万金，到英国半年后，他寄给妻子的信，一页纸密密麻麻，没有空行。

侯仁之在信里告诉妻子，自己每周有三个身份：大学一年纪的新生、研究院的博士待位生、《益世报》的驻英通讯员。"靠第一个'我'，我学科学的基本训练；靠第二个'我'，我作高深的学术研究。靠第三个'我',我替孩子们挣饭吃。"

侯仁之回国后,两人回到北大,带着一双儿女,在燕南园住了大半辈子。

一位北大的学生回忆:20年前,自己去听侯仁之的讲座,学生不足百人,西服革履的侯先生悄然走进阶梯教室,夫人扛着地图,挂好后,她静静坐在第一排的边角上。"那时的学术和风度都是恰到好处的不温不火。"

在两人的家,燕南园61号院,每天都有野猫定时来进餐,据说最多时达到14只。院门口总能听到侯仁之喊"咪咪!咪咪!"的声音,张玮瑛更是要先把猫喂饱,自己才吃饭。

一次,人们聚在侯仁之家讨论工作。他抬头环顾大家,突然被什么吸引了视线,停下向一处凝神观看,带着很疼爱的表情说:"看!喂奶!"众人扭头一看,原来母猫正给小猫喂奶。

侯仁之夫妇在校园

88岁的侯仁之,还曾在未名湖畔观狮子座流星雨。园中人总会看到老两口漫步湖边,留下一双背影。

一个北大的学生发微博回忆:在图书馆阅览室查看民国旧闻,竟然坐在一张贴有侯老和妻子老照片的桌前,两张饱经风霜的典型的知识分子式的淳朴笑脸,旁边还配着小字:我们就是在这张桌子上相识的。

艺术家熊秉明给侯仁之赠过一首诗：

"黑板映在孩子们的眼睛里

我在孩子的眼睛里写字

写了又擦去

擦去了又写

写了又擦

擦了又写

有些字是擦不去的么

我在孩子们眼睛里写字。"

1977年，侯仁之夫妇与熊秉明在"擦不去的"立轴前合影

太多记忆写在时间的眼睛里，至今仍不曾被擦去。

大地与天路

侯仁之说："我爱旅行。"

大地，以及面对大地时的快意与追问的欲望，对侯仁之有一种特殊的诱惑力。

侯仁之生于山东省武城县庞庄村。在幼年时代,家乡华北大平原的平坦与辽阔,在侯仁之心中引发感受:"天空在四周的地平线上画出了一个十分浑圆的圆圈,在我幼小的心灵里,我想我的家乡就是世界的中心了。"

他幼时体弱,曾数次辍学,所幸母亲给了他最有效的启蒙教育,为他订阅了不少画报作为特殊的启蒙教材,还经常给他讲述《圣经·旧约》中的小故事启发他的学习兴趣,使他的学业得以维持。受基督教文化熏陶,一些基督教的喻示故事与词汇,比如基甸救国,伴随着侯仁之的青少年心理成长。

上了小学不久,侯仁之随高年级同学远足数公里之外,登上一座最高的沙丘,"第一次在高处看到了我所走过的蜿蜒的道路"。侯仁之注意到,在沙丘上,"一些高大的果树被埋没得只剩了一些树尖尖。"在侯仁之这里,它们不但被牢固地记忆,并且持续地滋长、成熟、壮大。

到了大学,侯仁之的旅行增强了力度,也更有计划性。大二暑假,侯仁之选择了东西横贯华北大平原腹地的一条路线,约三百千米。途中有三处特别吸引侯仁之的地方,一处是古代湖泊的故址,一处是九百年前湮没于黄河泛滥泥沙的古城,一处是位于平原中央的古战场。

1964 年侯仁之(左)考察沙漠中的古城废墟

在这次只身跋涉中，侯仁之的情绪格外高昂。"在我旅途中的第四天，我遇到了一阵阵连续不断的暴雨，但这并没有阻止住我前进的决心……骤急的雨点打在遍地嘉禾上，发出了有如千军万马奔腾的声音，我就趁着这天然的乐曲，引吭高歌，好像为鼓舞自己的前进而奏起了军乐一样。"

求学英国时，他的思想悄然发生了转折。在捐给北大图书馆一书《The Socialist Sixth of the World》中，他在题记里写下这样一句话："'天路历程'何由而致，余亦未能置答。今得此书，岂现世界中之'天路历程'乎？"

基督教的一些词汇，仍被保留，只是被转换使用到"现世界"中，"天路历程"就是这样一个词语。"现世界"的社会实践，令侯仁之基督教文化的色彩开始褪却，他已感到了基督教文化在现实社会改造中的乏力。题记里写下的"天路历程"问题，关乎侯仁之的"历年追求之梦想"。人类走向进步事业的重要探索，对于一个学生青年，"'天路历程'何由而至，余亦未能置答"。

关乎青年时期人生理想的词汇"天路"，在后来的岁月中，不再被侯仁之使用。天路却开始显化在了大地上，并一步步走得更深，更远。

侯仁之走上了大地的旅途，并将历史探索与大地、旅行结合到一起。

他到历史地理中去寻找梁思成、林徽因夫妇描述的"时间上漫不可信的变迁"。他掩护爱国学生奔赴解放区和大后方参加抗日救国运动，被日本宪兵逮捕入狱而不屈。他在数十年的学术研究中强调经世致用，奔赴各地投身城市的建设规划。他数次深入沙漠做艰苦考察，改造贫瘠的大地……

"这些，岂侯仁之先生之'天路历程'乎！"侯仁之的学生、北大教授唐晓峰慨叹。

他的心中有座圣城。他在大地间行走，直至走向天路。

侯仁之：城与守城人

今天，是侯仁之诞辰 110 周年。在他的关怀和鼓励下创建的北京大学亚洲史地研究中心，举办了系列专题活动，回忆这位为人类记忆守城一生的人。

像他一样，北大的师生们迈开脚步，一起"行走燕园"。在侯仁之先生晚年助手、教授岳升阳的带领下，学生们在大地上留下深深的足印，在湖光塔影间，进行一场跨越时空的纪念。

237

哲学系 2021 年硕士张乐晨说，通过行走和讲解，"才发现原来我们生活的园子还有那么多值得挖掘的故事。"前人们开辟了精神家园，今人在继承的同时又在创造。古迹没有被供奉起来，而是被人们使用着，也在为人们的需求而改变着。

"这是在园子里生活最神奇的事情了。"

说明来源：本文在编写过程中参考了《步芳集》《侯仁之燕园问学集》《当代北京研究》《文史春秋》《新天地》《人民文摘》《回眸侯仁之》《中国文物科学研究》中国青年报、大众日报以及北京大学图书馆、北京大学亚洲史地研究中心的相关文献。

图片主要来源于北京大学图书馆、北京大学亚洲史地研究中心、中国科学院、老科学家学术成长资料采集工程等。